閩臺歷代方志集成·德化縣志·第1册

福建省地方志編纂委員會
德化縣地方志編纂委員會辦公室
整理

[嘉靖]德化縣志

(明)許仁修,(明)蔣孔煬纂
嘉靖十年(一五三一年)刻本

SSAP
社會科學文獻出版社

圖書在版編目(CIP)數據

德化縣志. 第1册, [嘉靖]《德化縣志》/ 福建省地方志編纂委員會, 德化縣地方志編纂委員會辦公室整理; (明) 許仁修; (明) 蔣孔煬纂. -- 北京: 社會科學文獻出版社, 2018.10

(閩臺歷代方志集成)

ISBN 978-7-5201-3665-5

Ⅰ. ①德… Ⅱ. ①福… ②德… ③許… ④蔣… Ⅲ. ①德化縣-地方志 Ⅳ. ①K295.74

中國版本圖書館CIP數據核字(2018)第230365號

·閩臺歷代方志集成·
德化縣志(第1册)
[嘉靖]《德化縣志》

整　　理 / 福建省地方志編纂委員會　德化縣地方志編纂委員會辦公室
纂　　修 / (明) 許仁 修; (明) 蔣孔煬 纂

出 版 人 / 謝壽光
項目統籌 / 鄧泳紅　陳　穎
責任編輯 / 陳　穎

出　　版 / 社會科學文獻出版社·皮書出版分社 (010) 59367127
地址: 北京市北三環中路甲29號院華龍大廈　郵編: 100029
網址: www.ssap.com.cn
發　　行 / 市場營銷中心 (010) 59367081　59367018
印　　裝 / 福州力人彩印有限公司

規　　格 / 開　本: 787mm × 1092mm　1/16
印　張: 23.5　幅　數: 366
版　　次 / 2018年10月第1版　2018年10月第1次印刷
書　　號 / ISBN 978-7-5201-3665-5
定　　價 / 260.00圓

出版前言

修國史，纂方志，固我中華民族百代常新之優秀文化傳統。志亦史也，舉凡方域區裁，川原濬辟，自然人事之變遷，經濟文明之演進，文圖在手，紀述備陳。于以啓新鑒古，積厚流光，資用于無涯。

德化自五代後唐長興四年（九三三年）置縣以來已有一千多年的歷史，先後十次編修《德化縣志》。然因時空轉移、朝代更迭、治權演替等，明天順二年（一四五八年）、萬曆三十二年（一六〇四年）、天啓元年（一六二一年）所修三志俱佚，現存完整的志書六部，另有一部爲民國三十六年（一九四七年）編纂而未全面完成的《德化縣志·資料、大事記》。

現存七部《德化縣志》中，除中華人民共和國成立後首輪編修的《德化縣志》尚有存量外，明嘉靖十年（一五三一年）及清康熙二十六年（一六八七年）、乾隆十二年（一七四七年）、乾隆五十七年（一七九二年）、民國十六年（一九二七年）編修的五部志書僅在少數大型圖書館中見有收藏，這些均是德化縣重要的地方歷史文獻。

［嘉靖］《德化縣志》，十卷，明許仁修，

蔣孔煬編纂，現珍藏于中國國家圖書館；［康熙］《德化縣志》，十六卷，清范正輅修，林汪遠重訂，現珍藏于上海圖書館及天一閣；［乾隆］《德化縣志》，十八卷，清魯鼎梅修，王必昌纂，現分別珍藏于中國國家圖書館、中國科學院圖書館、美國加州大學伯克利分校東亞圖書館。［乾隆］《德化縣續志稿》，不分卷，清蔣履修，楊奇賡續修，江雲霆纂，現珍藏于中國國家圖書館及南京大學圖書館等。［民國］《德化縣志》，十九卷，方清芳修，王光張纂，朱朝亨續修，蘇育南續纂，現分別珍藏于厦門大學圖書館、福建師範大學圖書館和德化縣檔案館。［民國］《德化縣志·資料、大事記》，鍾國珍修，蘇育南纂，僅在德化縣檔案館藏有手寫孤本。

爲保護優秀文化遺産，發揮志書存史、資政、育人的功能，福建省地方志編纂委員會、德化縣地方志編纂委員會辦公室決定聯合整理重印這六部《德化縣志》。精擇相關圖書館館藏刻本電子影像版爲底本，按照『修舊如舊』的原則，委托省內各大圖書館、高等院校、博物院等專業人士，逐版逐字精心校讎，清除污漬、修補斷綫缺筆，補其缺漏之處，明其模糊所在，力求完整準確，并新編志書目録，慎撰各書內容提要，以醒眉目。本次整理，得到省方志委原主任馮志農、主任陳秋平，副主任俞傑、林浩，德化縣委原書記吴深生、書記梁玉華、常委劉惠煌，德化縣政府原縣長歐陽秋虹、縣長劉德旺、副縣長蔣文强的關心重視和大力支持，以及福建省方志委志書編輯處處長凌文斌、副調研員滕元明、曾永志博士，德化縣方志辦主任王世言、副主任科員許瓊蓉、志書編纂股股長林淑玲、年鑒編纂股原股長蘇祥寶等以及聘用編輯許永汀、曾廣淞、黄繩維、陳春升的協助，使該志得以在較短時間内重印出版，爲福建省、德化縣舊志整理再添新作。在此，謹對給予福建省、德化縣舊志整理工作支持和幫助的領導和同志們表示衷心的感謝！

修志問道，以啓未來。通過重印再版這六部《德化縣志》，人們可以從中感受到德化歷史變遷的脉動，傳承德化獨特的地域文化根脉，體味生于斯長于斯的德化人特有的精氣神，也可以挖掘歷史智慧，爲建設實力、文化、美麗、幸福、清純的現代化瓷都和世界陶瓷之都提供歷史借鑒。

福建省地方志編纂委員會

德化縣地方志編纂委員會辦公室

二〇一七年十二月

新編目録

新編目録

〔嘉靖〕《德化縣志》提要

〔嘉靖〕《德化縣志》於嘉靖九年（一五三〇年）纂修而成，嘉靖十年刊。中華書局一九八五年版《中國地方志聯合目録》載：『北圖原藏，今在臺灣。』經查，現中國國家圖書館、臺灣『國立故宮博物院圖書館』均有收藏，福建師範大學圖書館、德化縣方志辦藏有抄本。此次整理採用嘉靖十年刻本，十卷附圖。

德化置縣始於五代，屬泉州府，歷宋元明約七百餘年而未更。清雍正十二年（一七三四年）曾改屬永定府。明天順二年（一四五八年），邑人監察御史凌輝曾纂修德化第一部縣志，惜未傳。本志由時任德化知縣許仁主修，蔣孔煬主纂。許仁，字符夫，號竹厓，浙江仁和（今杭州）人，正德中舉人，嘉靖八年（一五二九年）任德化知縣。蔣孔煬，福建晉江人，曾知通州。

此志共十卷，分十門三十九目。其序曰：『夫志，邑史也；不可以不實録，德化志，永樂間邑人憲副凌君輝嘗纂集，然草創之初，百凡簡遺，況經百（注：七十）餘年來損益因革尤多。嘉靖庚寅，郡守洞陽顧公可久以志憲章攸存，容可缺乎哉！檄邑令竹厓許君仁，委幣于孔煬，重以分巡憲副淺齋郭公持平之命，辭以荒陋弗獲，遂勉就館。既舊志多未備，筆研莫施，大懼弗稱，乃携郡人虛舟、趙子本學及邑庠生林信、李宜温、鄭元鳳、陳伯容，相與匱力悉心，罔懈寒暑，考沿革，推分野，按輿圖，稽官籍，論産步橋榭，詢野老，檄黄錙，磨斷碑殘刻，披古廟荒山，惟恐該載弗詳，考核弗精，品量弗公是懼。由是列建置、星土、封圻、里團、坊表爲第一，山川、橋梁、陂、潭、池、井、泉、風俗、物産爲第二，户口、土田、税糧、屯田爲第三，鹽課、鐵課、商課、上供、支費、役法爲第四，公署、壇壝、關隘、寨鋪爲第五，學校爲第六，官制、官師、宦迹爲第七，科目、人物、衣冠、盛事爲第八，佛宇、神廟、古蹟、古墳、高僧、羽士爲第九，雜志爲第十，而詩文各附于本條之下，凡十卷，而德化之事可概見矣。嗚呼！晉之《乘》，楚之《檮杌》，魯之《春秋》，亦古記事之書也。《乘》《檮杌》無善後之人，故其書不行。《春秋》删定于孔氏，遂列入經，與日月并傳焉，志豈易乎哉！顧孔煬何能焉？多聞愧非胥臣，博學愧非子産，雖勉强成書，而於憲章所係，猶不能無遺恨焉！尚深有望於後修之君子。』

德化縣志序

夫志邑史也不可以不實録德化志求樂間邑人憲副凌君輝嘗纂集然草創之初百凡簡遺况經百餘年來損益因革尤多嘉靖庚寅郡守洞陽顧公可久以志憲章攸存容可缺乎哉檄

邑令竹厓許君仁委幣于孔煬
重以分巡憲副浅齋郭公持平
之命辭以荒陋弗獲遂勉就舘
旣舊志多未備筆研莫施大懼
弗稱乃携郡人虛舟趙子本學
及邑庠生林信李宜温鄭元鳳
陳伯容相與匱力悉心罔懈寒

暑考沿革推分野按輿圖稽官
籍論產步橋謝詢野老檄黃錙
磨斷碑殘刻披古廟荒山惟恐
該載弗詳考核弗精品量弗公
是懼由是列建置星土封圻里
圍坊表爲第一山川橋梁陂潭
池井泉風俗物產爲第二戶口

土田稅糧屯田爲第三鹽課鈔
課商課上供支費後法爲第四
公署壇壝關隘寨鋪爲第五學
校爲第六官制官師宦蹟爲第
七科目人物衣冠盛事爲第八
佛宇神廟古蹟古墳高僧羽士
爲第九雜志爲第十而詩文各

附于本條之下凡十卷而德化之事可槩見矣嗚呼晉之乘楚之檮杌魯之春秋亦古記事之書也乘檮杌無善后之人故其書不行春秋刪定于孔氏遂列之經與日月並傳焉志豈易乎哉顧孔煬何能焉多聞愧非晉

臣愽物愧非子產雖勉強成書
而於憲章所係猶不能無遺恨
焉尚深有望於后修之君子
嘉靖辛卯秋七月旣望郡人悟
菴蔣孔煬謹書

德化縣志目録

德化縣志目錄終

縣境
湯頭
湯嶺隘
油竹隘
夫人宫
北倉
浙山
楊梅上
下湧
蓮花峰
東西團
西倉
香林寺
石牛山
東斉山
通濟宮
上湧
双桂山
螺坑
妙峰山
蕉溪
龍門橋
龍潯山
東嶽
化龍橋
養濟院
北壇
鄉官祠
德化縣
布政司
福興道
文廟
儒學
石傑
空頭
南庄
高洋舖
戴雲寺

之圖
仙峯溪
獅子岩
石鼓山
鍾山
常安
九仙岩
湧泉上
石鄉砑
湖嶺
大仙峯
福安店
太尖山
西
龍湖岩
祥雲
南倉
新化里
斤山
五華
根竹坑
金液洞
大旗山
卓筆山
雪山
城隍廟
茶坂
山川壇
教場
市頭倉
平浦
社稷壇
登高山
歐山

圓林山
妙峰山
鄉官祠
布政司
福寧道
文廟
儒學
東嶽
養濟院
青雲坊
鳳鳴坊
高岸舖

之圖
卓筆山
大旗山
文公祠
城隍廟
市頭宫
山川壇
崇德坊
社稷壇
歐山

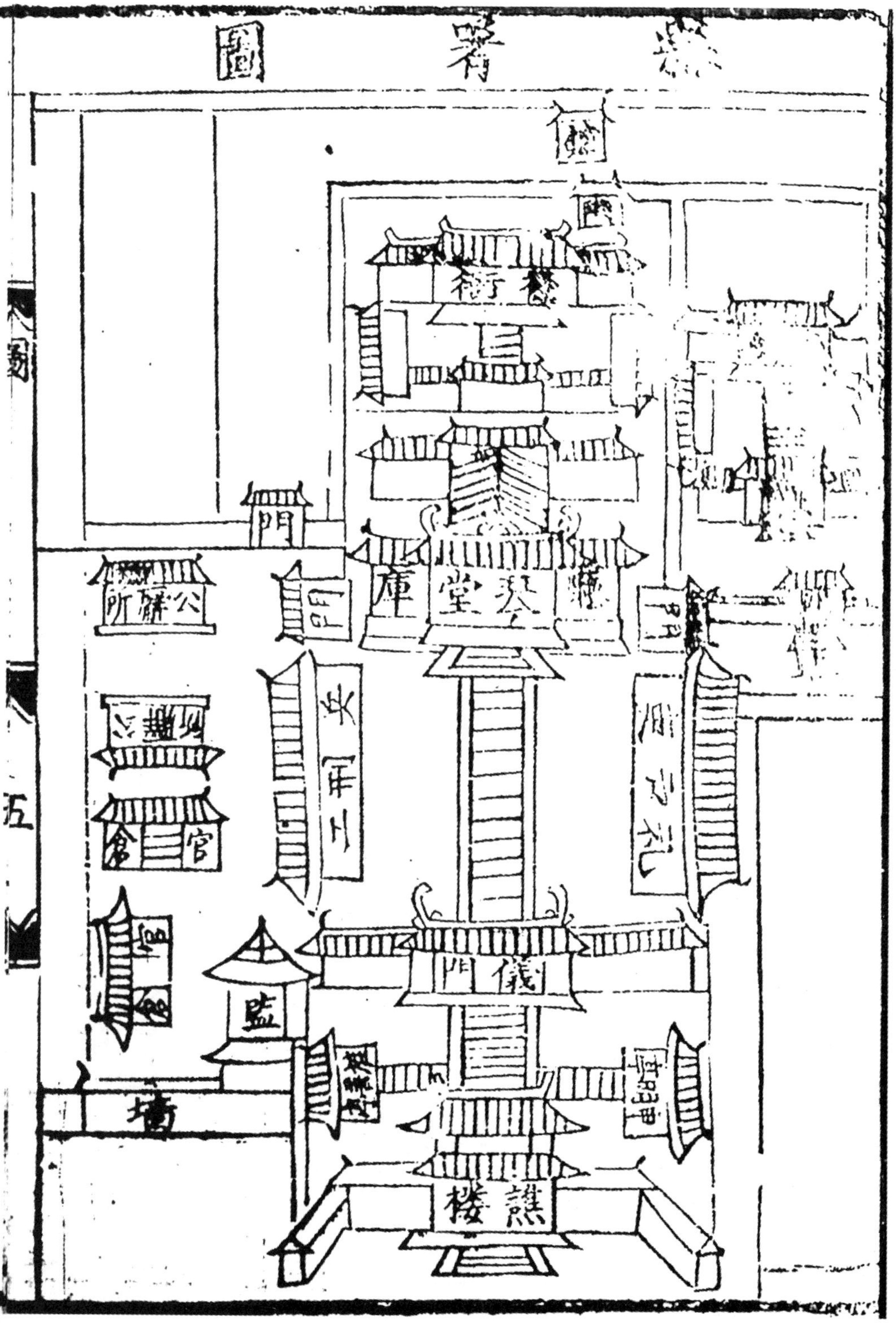
縣署圖
琴堂
庫
門
公解所
官倉
監
牆
儀門
譙樓

縣學圖

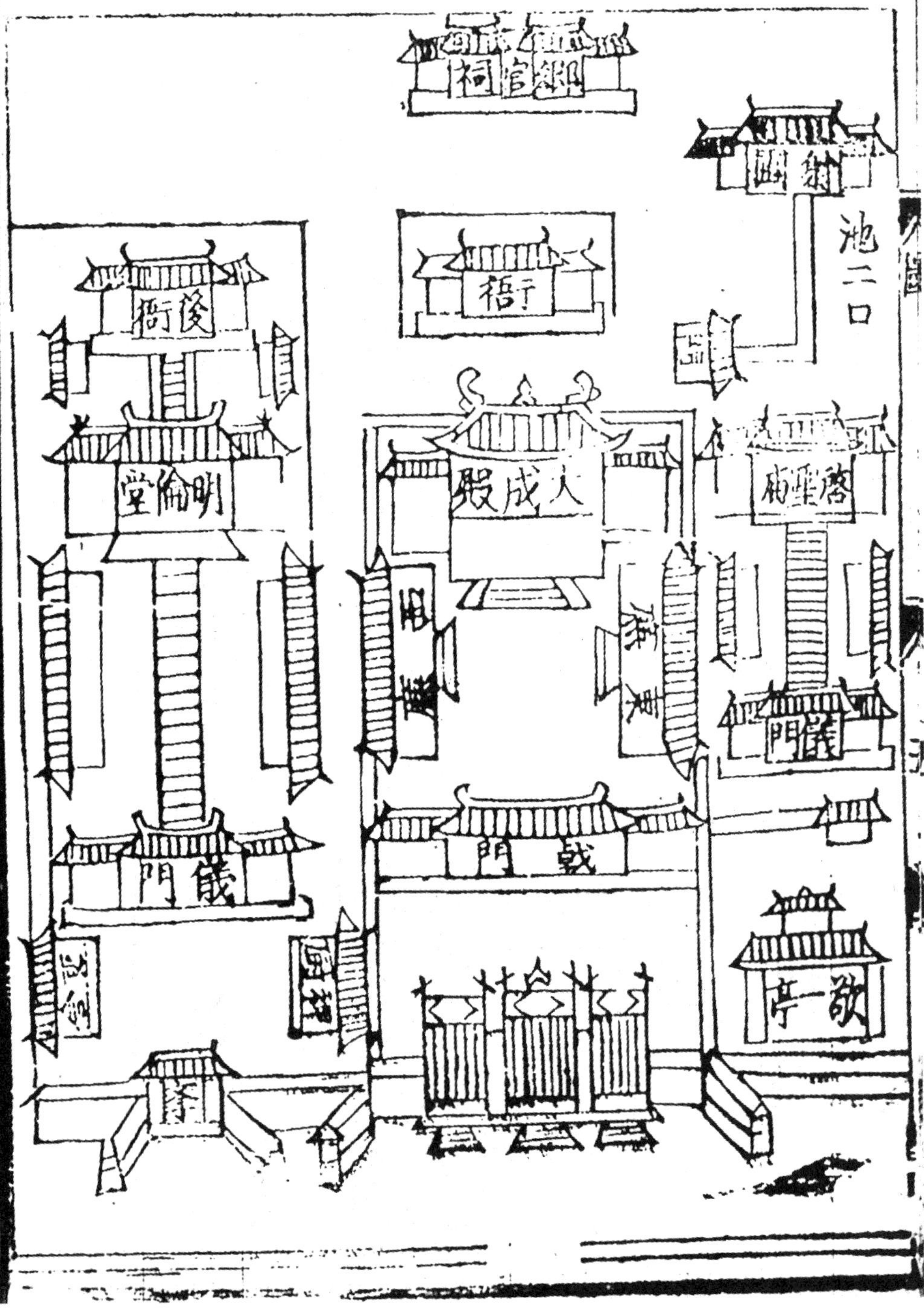

德化縣志第一卷

沿革表

德化縣地列自周職方氏歷秦漢三國南北朝不過混于州郡中未有特名也至唐貞元中始萌芽然亦僅號爲塲後唐始稱縣焉迄今僅一千年中間離合升降損益治亂殆不知幾變也非錯綜其始終爲之表則古今建置沿革之大畧豈易考哉因敘諸首俾來者得觀焉

德化縣

歷代		
周	七閩地	周禮職方氏云東南有七閩
春秋戰國	越地	夏少康封庶子於會稽為越王以七閩屬之
秦	閩中郡地	始皇幷百粵析吳為會稽郡七閩為閩中郡
漢	閩越地	越王勾踐後亡諸從諸侯滅秦又佐高帝滅楚高帝五年封為閩越王王故地
武帝	會稽南部地	武帝以閩越阻悍數反覆改封居股為東成侯遷其民江淮間遂虚其地置會稽南部

三國 吳	建安郡地	永安三年始立建安郡故爲建安郡地
晉	晉安郡地	太康三年分郡之候官縣置晉安郡治候官即今福州地
南北朝 宋	晉平郡地	泰始四年改晉安爲晉平郡
梁	南安郡地	天監中以晉安地置南安郡隸揚州
陳	閩州地	永定初升晉安郡爲閩州領南安建安郡故爲閩州地
隋	泉州地	開皇九年平陳改閩州爲泉州泉州名始此

唐　歸德場

永泰三年節度使李承昭本候官尤溪二縣地各折其一鄉置永泰縣即今福州永福縣也至貞元中折縣之歸義鄉爲歸德場

五代梁

唐　德化縣

長興三年閩王延鈞僭稱帝國號大閩置百官升歸德場爲德化縣隷福州縣名德化始此

漢

乾祐三年庚戌南唐保大七年升泉州爲清源軍始分德化縣隷焉以縣治陝隘乃劃

延平尤溪縣之常平進城二鄉以益之

宋

建隆三年泉州爲張漢思所據乾德元年復爲陳洪進所據太平興國三年陳洪進以漳泉歸宋

元

自宋景炎元年蒲壽庚以泉州降于元至正十二年又爲陳友定所據

國朝

洪武九年執陳友定

仍以德化隸泉州

星土形勢

越之天文分直星紀漢志於辰在丑唐一行謂閩中名雲漢下流爲負海國泉在閩地之南德化彈丸黑子之小在泉之極西古人所謂溪山侵越角者也縣之地勢導山於戴雲蜿蜒騰驤降爲龍潯其狀如龍伸後足以爪而宅厥縣丁溪環其膺合而成字重魚兩峯逆流而上以爲賢賓水靚而不激山膩而不嶢市廛閴寂一葉動而亦聞外山城羅郭轉圜翠萬重亦山水之名區也

封圻

封圻所以定斥堠正經界也德化負居萬嶺村無鄉比之家而封圻則甚廣縣郭闤闠之境東達宣化門西達覲宸門相距一里提封之境東極清泰里極黄懋相距三百里南極劇頭嶺北極楊梅中相距二百里四至之境東八十里踰白格嶺入仙遊西一百二十五里踰大官嶺虔村驛入尤溪南二十里踰高洋嶺蘇坑村入永春北一百二十里踰清從山五吉村入永福四隅之境東南至二十里爲

永春劇頭嶺西南七十里爲永春龜洋東北一百
五十里爲永福洑口西北七十里爲尤溪官田嶺

里圖

今制爲里圖以聯民雖與古異然亦效周官井牧之法俾百姓親睦之意也德化里圖在宋爲盛逮

國朝民羅虎患版圖兩就裁約今閱其地村堡不甚比櫛坊郭鳩居多四方僑寄之民土著者無慮三數家而已今具列之亦以見世道消長升降之機云

宋編爲五鄉管十一里九圖

集賢鄉　縣西北

永豐里　新化里　雲峯里

歸德鄉　縣東南

靈化里　歸化里　惠民里

永寧鄉　縣東北

嵩平里　清泰里　善均里

常平鄉　縣西北

貴湖里　東團　西團

上壅團　下壅團　楊梅團有上

中下三團

進城鄉 縣西北

小尤上團　中團　湯泉團 有上下二團

黃認團

國朝洪武十四年編一隅八里十團一都

歸德鄉

坊隅　歸化里　靈化里

集賢鄉

永豐里　新化里 雲峯里併入　嵩平里

永寧鄉

善均里　清泰里　惠民里安仁里併入

常平鄉

楊梅上團　下湧團　楊梅中團

東團　西團

進城鄉

湯泉上團　湯泉下團　小尤上團

小尤中團　黃認團　十八都

永樂十年裁爲一隅四里八團

坊隅歸化靈化併入　永豐里惠民併入

新化里嵩平併入　清泰里

善均里嵩平併入　東西團

楊梅上團　下湧團湯泉下併入

楊梅中團楊梅下併入　小尤中團

湯泉上團　黄謥團

小尤上團十八都併入

天順六年裁爲一隅二里六團

坊隅（永豐里併入）　新化里（小尤上十八都併入）

清泰里（善均併入）　楊梅中團（楊梅下併入）

楊梅上團（下湧併入）　東西團

湯泉上團　小尤中團

黄認團

坊表

表厥宅里自周有之所以賢其人也後世或以旌世閥或以表科第此有司崇重激勵之意宋時魁亞碩彥盛事層出坊表凡十歲久圮敝且盡

國初坊表凡八嘉靖六年胡令呈章欲槩重新之既折以代去不果今街左右尚存其二云

宋

恢義坊 在縣治西

仁壽坊 在龍濟橋

旌孝坊 縣治西爲孝子張興渭立

褐魁坊 爲蘇總龜上舍優等第一人釋褐立

使星坊 宣和中爲蘇欽登第立

應宿坊 紹興中爲陳師文登第立

朱紫坊 在儒學前取古春溪連波朱紫堪看之謂

淳祐己酉邑令吳二鳴於舊址更創四坊

朱紫坊

繡使坊 爲陳提刑師文立舊名應宿蘇運判坊曰使星合爲一坊

熙春坊

好德坊 以市廛富樂民裕淳厚取名

師模坊 呂守用中辟郡人張過典教故名

揭魁坊

製錦坊 與縣前相直

以上坊俱廢

國朝

步瀛坊 楊梅上永樂三年丁酉訓導吳仲賢為舉人凌輝立

攀桂坊 在楊梅上永樂三年知縣孫應辰為舉人凌輝立

鍾秀坊 東西園永樂十二年知縣劉謐爲貢士蔣應立

登雲坊 楊梅上永樂十八年鄉監察御史淩輝爲舉人曾灝立

躍桂坊 楊梅上永樂十八年教諭趙琬爲舉人曾灝立

常德坊 城隍廟前宣德四年教諭朱希亮爲舉人余英立

以上坊近俱廢

青雲坊 儒學左宣德四年知縣何復爲舉人余英立

鳳鳴坊 在福寧道西弘治七年府縣爲舉人林貞立

德化縣志第一卷

德化縣志第二卷

山

德化諸山奇麗瑰絶實鍾西南之秀其原自延之永安尾力山而來發於九仙循臺閣大仙岑踰鐀山錡龍嶺而南爲戴雲自戴雲逶迤而南爲龍潯而縣治宅焉北極於延平界北東極於永福界南極於永春界東極於仙遊界西極於漳平界盤薄高深皆足以騰雲致雨鍾秀産利表一方之鎮顯造化之紀是可以不書乎哉

龍潯山在縣東北隅縣之主山也山勢蜿蜒如龍顛有石笋有火燄石或云前溪駕四橋如龍四足宋宣和間令劉正鑿其巔築亭曰妙峯後改爲最高人云山不可鑿正曰此睡龍也鑿之則醒逾年邑中舉薦者三人紹興初山寇竊發令吳崇年鑿山削去石笋火燄民死者過半吳亦以憂去至傷山脉太甚云山麓有龍山觀今廢鄭昉詩愛竹地鋪金玉影看松風送管籥聲一心如水無塵慮兩足生雲穩步行

大帽山在縣北隅峯圓若覆帽

妙峯山在縣東隅山頂有妙峯庵宋王濟邦德駿詩清明好箇養花天手挽藤蘿排石脈竹葉無多偏弄影松梢雖小解藏煙雀雛久立聽僧語蹀隊重來結佛緣獨立山頭一長嘯犬雞隨我盡升仙邑士鄭玢高陪霄漢聳仙語俯視人寰萬竈歷

翠雲山在縣東靈化里頂如丫髻峻絕凌雲

白牛石鼓山在縣東靈化里有石如牛如鼓諺云石鼓鳴白牛起樵牧者時或見之

烏石山在縣東南惠民里上有烏石隘

朝天馬山在縣東南惠民里兩峯狀如馬高聳插天

大旗山在縣西隅峯巒環拱縣治勢如展旗

卓筆山在縣西永豐里尖聳卓立如筆

五華山在縣西永豐里五峯狀若蓮花巔有五華寺唐咸通間無晦禪師鑿石築室與虎同居今地尚有虎跡後人號爲虎蹲巖巖側有端午泉甚清洌

囷山在縣西永豐里峯巒矗大而秀狀如高廩上有石堂石竈石臼相傳秦漢間有隱君子居焉鍊液養形功成仙去

斤山在縣西永豐里一名蓋竹根山高五里廣十里峯巒尖秀如文筆在縣之庚酉辛戌位酉戌歲登

第者必多驗之誠然

歐山在縣西南永豐里山跨于溪有歐氏世居其下

重魚山在縣南靈化里縣之案山也自困山迢遞而來逆流竝躍狀如雙魚山麓有坡每歲增修多取土於坡下或謂魚傷見腦非吉兆也宋淳熙丁未間尉司遂禁之

鳳翥山在縣南靈化里重魚山之後縣之重案也一名鷄高尖秀高出諸峯如鳥之跂

登高山在縣西南上有登高亭宋尉黃麟詩上至登高眼界寬窣陀僧舍

富琅玕天雄峻塔凌穹漢澤寫巍階鐵護欄虎腦已回仙枕夢雞頭寧愧國香蘭登臨豈止黃花日川練常隨夜月寒

羅城山在縣南永豐里一名豪城形如覆釜四圍峭拔頂上平坦昔爲寨基

雪山在縣南永豐里峯巒高插雲霄冬積雪數日不消六月有蓋絮者山中有金液洞知縣王貞詩金液洞天小蓬壺洞門無鎖白雲封龍光長現秋池劍鶴夢偏驚睡殿鐘五夜丹霞明絕壁四時蒼雪落長松颼輪風爲舉仙至會送幽人出翠峯邑士李元定仙家住在白雲重石發紫紆碧蘚封海鶴近衛金洞籙登山狼慣聽飯厨鐘霞邊粲粲三花樹石上英英五[illegible]松下是吹笙王子晉天風架上紫雲叅

高洋嶺山在縣西鹽化里高洋鋪一名大劇嶺嶺頭
有劇頭隘隘之西爲高洋屬德化隘之東爲大劇
屬永春然自大劇之麓至其嶺高峻而長可七餘
里越嶺下高洋鋪地頗平夷僅三里爾

以上山屬坊隅

戴雲山在縣西北新化里山頂高聳霄漢雄跨數里
常有雲氣覆頂頂有池池中有魚水深不可測分
九派而下注于九溪實龍潯山發原之祖也

繡屏山在里北隅層崖峭壁若巨屏焉

園林山在里東北隅花木鬱茂景象蒼翠如名園佳圃

雙桂山在里南隅狀如伐黑髮頂有雙桂洞相傳仙人乘白馬而來民以水旱禱其應如響山下有溪里人駕橋於其上名曰連波

騰巖角山在戴雲山之南峯巒峻秀狀如龍角

祥雲山在戴雲山之南

大尖山在里西聳峙尖削頂有泉湧出昔崔道者曾廬此

以上山屬新化里

大帽山在清泰里東南隅其峯圓若覆帽

均山在善均里以里名也其山峭拔延袤數十里

蕉溪山在里南其麓有溪名曰蕉溪山以溪名也

蘇墓山在里南山形如壺東畔有蘇十萬墓在焉

靈山在里東奇嶮峭壁常興雲氣遇旱禱雨則應

石牛山在里北巍峩插天絶頂戴其石狀若牛登其頂望見興泉二郡山多產五鬣須松

飛仙山發脉於石牛山兩峯角立懸崖峭壁中有瀑

布泉數千尋

石柱山分脉於石牛山一峯聳秀如柱擎雲

九座山在縣東北清泰里與仙遊抵界山上有石龍廣丈許昔有九仙宴座其間

東濟山在里　山形崔嵬頂有澗泉瀉流而下濟邑東人家之汲

以上山屬清泰里

梅峯山在楊梅中團北上有梅峯寺下有梅峯隘太平橋

蓮花崎山在本團西北衆峯尖秀狀若蓮花

牛宅寨山　石湖崎山　虎頭寨山

三層堦山在梅峯山左　唐帽山在梅峯山南　清從山在梅峯山右

以上山屬楊梅中

仁齊山在本團西北峯巒巍然昔有天齊仁聖廟在其麓

吉山崎山在楊梅上團北下有三峯寺

鍾山在本團西中坑山四面皆石壁峭峻形如覆鍾山麓有澗澗邊有巖洞廣丈餘深二丈許名蔡巖

蓮花峯山在本團南上有五峯如蓮並蔕
漸山在本團　層岡疊障廣袤逶迤
香林山在本團東香林寺在焉
大帽峯山在本團其峯高大如帽
以上山屬楊梅上團
九仙山在東西團西界湯泉上團山勢高廣甲於諸
山爲戴雲山之發祖相傳昔有九仙經此山上有
石洞石池石井井闊尺許水清甚雖旱不竭又有
石棋盤其棋子皆自然石淡紫色左右有獅子石

□坐饑音丹爐丹竈之類宋溥陳元通詩九仙自
古說仙遊故與名同必
有由莫是衛尋天下勝也曾暫向此中留石頭蹤
處跡猶在岩面押時予未收換骨丹砂今幾轉小
北結得這緣不邑士鄭安仁尋訪名山到九仙三
三揷入碧雲端并分峭壁符唐老岫列危峯類舜
官藤絡千年燒藥竈苔封一局奕棋盤
憑誰喚起王摩詰寫作人間畫障看

瓊山在九仙山之東相傳仙遊昔有人在九鯉湖祈
夢仙人去以龍嶺金山坐鎮瓊山云

雙髻寨山在本團北山兩峯如髻昔爲寨基

銀瓶寨山在本團東山形如瓶

劉坑寨山在本團南高鎮巡檢司及預備倉在焉

以上山屬東西團

銀瓶山在湯泉上團北雙峯竝峙其一稍低小狀若銀瓶

石鼓山在本團北山上有石狀如鼓

獅子巖山在本團西山形若獅上有獅子巖山以巖名下有通仙樂音二橋大焦溪

猛虎山在本團南山形如虎

雞髻寨山在本團南山峯如雞髻狀地險阻與東西團爲界中立石門隘

石獅崎在本圖西崎後與新化縣偶界

以上山屬湯泉上圖

大仙峯山在小尤中圖尖起兩峯奇峻崔嵬頂有仙峯巖

太湖山在里西四面崔嵬旁羅列十二峯山頂平廣數丈有池丈許影涵太空一碧如鏡有龍湖巖多奇花異木宋簿黃圭詩一帶回環底處山勢如飛揖下平川須知欲到菩提岸好是宗懸般若船豈止龍湖挺伎倆直從苦海度人天異時普獎如乘此無復鬚巾撒向前

鑛山錡山在本圖西從大仙峯迢遞而南直奔戴雲

山實德化諸山龍脈所關

仙濟山在本團　峯巒峭峻相傳頂有仙人以牛將石犂去鈀復一橫一直至今有仙牛跡仙人足跡在

牛眠山在本團東南狀若眠牛

屛山在本團東南椿松夾翠莫辯四時山形如屛

金雞山在本團　昔人聞山上有雞鳴山陰有金雞寨

酒堀寨山在本團　極高險昔人避寇其上賊圍而

困之女子取酒浣衣以示賊賊疑其有水隨圍而去因名今寨猶存

巖市南山在本團 山形峭拔上平如掌有泉一泓清瑩鑒人酌之不竭

虎頭山在本團東南上有古寨周圍七里餘其中山水如畫外極高險避兵者往之萬夫莫敵

馬山 船山在大仙峯之東南

馬仔山 烏崖山在大仙峯之西 胡蘆山 羅城山

格頭寨山在大仙峯之南

以上山屬小尤中團

雪山在黃認團西山聳接雲冬雪春消爲黃認團發祖之山

和尚山在本團西山頂淨光圓秀

蝴蝶山在本團西與和尚山相連兩峯狀如蝴蝶雙飛

靈峯山在雪山之南有雲際社學在焉

石櫃山在本團西山頂一石方長如櫃上有仙足跡

蓮花崎山在本團福塘有龍安寺安仁巡檢司安仁

蹤興龍寺在焉

臺閣山在本圖東舊志作南臺山頂有池祈雨輒應鬱茂英特狀若臺閣下爲仙嶺有巨石如盤方長圓百丈至今有仙人足跡在焉

天湖崎山在本圖西極巔有湖渚水四時不絕

懸鐘山在本圖東山頂有石巖峭壁中間一石如鐘懸無異

石筍崎山在本圖東山頂有三五峯卓立如筍

以上山屬黃認圖

水

德化之水發源有六北發於戴雲山南發於囷山東南發於雙髻山西發於湖頭嶺山西南發於三溙山及和睦塲山戴雲囷山雙髻三溙和睦塲五山之水阻永春界陽隴高山十餘里不可以通乃東南流入永福縣湫口程次達于海惟湖頭嶺之水復西流過尤溪轉而歸于永福亦達于海夫水行地中雖千支萬派然皆必有所匯究其功用咸足以潤澤生民滋養百穀實

一邑之所資不可以不紀焉者故各本其源及其匯詳著于篇

縣北有九溪水發源於戴雲山其二溪之北流者曰張巖曰盧溪合而爲赤水西溪東迤爲上壅溪湧口溪九寶溪東北入于永福界以達于海其五溪之東流者一曰雙芹二曰馬槽塲合而爲龍潭爲佐溪至善均里與九寶溪合三曰上洋過溪口入于石獅渡四曰上雲爲底溪漈溪至于焦口亦入于石獅渡五曰中興坑爲林輸溪福壽院溪過衣

錦橋與縣之大溪會于董坂橋之側其二溪之南
流者曰東埔曰李山其東埔之溪爲李氏溪過丘
店橋爲白泉溪石山溪過蘇津橋爲蘇溪涂坂溪
又過惠政登龍二橋爲西門溪過李公橋遂爲縣
前大溪其水回環曲折俗謂之腰帶水其名曰滻
溪北迤爲黃斜橋十二岸溪與上洋上雲之水同
入于石獅渡東北入永福界其李山之溪南迤過
三縣寨與丘店橋之水會流
西南有蓋竹溪水發源於北流三溪山與涂坂溪會

又有黄洋溪水發源於和睦塲山東流與白泉溪
會
東南有大雲溪水發源於雙髻山西流透迤而北曰
埔平溪下倉溪與縣前溪會于黄斜橋之側
西有寨前溪水發源於湖頭嶺尖南流與李山溪會
南有丁溪水發源於囷山入九漈溪經歐山溪盧溪
大坑溪而匯于滻溪先是溪水迤而東行不與縣
前滻溪會有知地理者云古讖有云水流丁字官
榮會至若鑿溪北向使流揖滻溪一縱一横成丁

字然則是邑利矣邑士林程請於令方安道且捐貲五十萬爲之倡溪成名之曰丁字時元符元年也徐師仁記其後程之子揚休首登科程没立祠學宮紹興中洪水決民田水匯于西南令林及始築爲石岸以障洪流水遵故道人目爲林公岸淳熙中岸下復決令鄭旦之復增築小岸尉陳公祖繼之初開是溪時或者又曰丁水之前有居民障之得其地爲樓與縣治相直當益佳至宣和中令陳能始得地爲樓自是邑士多登第者樓名春波詳見縣治

門

橋梁

德化溪谷交流病涉尤多化龍龍津二橋截嶮橫包乘流迴透敞作洞門呀爲石當實縣邑之襟帶爲山河之領袖其餘跨崖架壑釃水洩潦雖或巨細圮存不同然亦王政不可廢者也茲著于篇所以備在位者以時完葺云

坊隅

化龍橋舊址在溪下流名通濟宋熙寧初邑人蘇唐卿建慶元巳未橋壞令葉益命

僧了性移於龍潯山麓久之弗就嘉定四年令李端誼成之凡十九間爲屋三十三楹長三十三丈中有亭曰留符邑人黃圭記歲久隳毀於居民弘治三年里人林宗源等重建小𥕛仙遊陳公遷記德化邑治之東有化龍橋五李時已載於清源舊志則橋之作久矣歷宋至元尚完周國朝猶然後有坊民附橋而居蠶於術家言恐其不利於所居常隳毀之故洪流從而崩潰之則所存者獨遺址耳役大貫繁後人莫有倡興復之舉者民之病涉者多歲月矣景泰天順間邑之耆民德茂輩欲爲民舍涉而徒皆有志與復之惜乎罔就緒而已至弘治庚戌歲從茂之子曰宗

源者欲承厥志以白金數鎰爲首倡與典泉劉君諱毅諭陳君愷泉州衛旗屯懷遠將軍馬凱福全所武德將軍蔣元啓各捐俸以助之故邑之好義者福塘陳晃桂林賴燦致仕本縣留戍晚磨林敬東西園鄭禕下湧郭元旺坊隅鄭旺輩無慮百餘人皆充廣德心不吝所有以左右之毛聚塵積合而爲五十餘鎰迺選有才幹者林崇林康鄭紹六林廣大林清鄭明德周膺琮山諸人分董其事運材於山浮石於水及陶瓦鑄鐵之務而宗源則始終總其要領也經始於庚戌秋畢工後二年壬子秋九月九兩朔歲而功成邑人重其事故承澤黃先生廷魁以吉豐司訓致仕家居與其弟義官廷守爲之立石以紀其功而以記文請於予予聞昔蔡忠惠守泉作橋於洛陽江後世王臞軒邁題其祠壁曰欲知公之忠須讀三諫詩欲知公之惠須讀萬安

碑王梅溪十朋賦詩亦有真是濟川三昧守清源遊戲作虹梁之語今宗源一布衣亦能如忠惠之用心成事如此焉知後人無有如龍軒梅溪之詠嘆者乎又聞此橋當德化要衝之處而邑之山川氣脈未嘗不關係焉方其完壯時而生齒庶繁四境雞犬相聞衣冠文物若林楊休蘇總龜黃龜朋諸傑接踵而出厥後頹廢則生齒文物亦因之寥落今橋將復成又有白袍日林真者破天荒而起繼真者又未可量雖云一物數之有定然橋之力亦不可誣也豈徒一利涉之具而已哉是用爲之記泉州守張瀧詩動天留遠一文明可是遐荒樂太平萬樹協韶雲表奏四山釀水地中行

蛟龍待雨飛騰漸烏鵲憐星架落成

誰是慇懃題柱筆不妨四馬使人驚

龍津橋在縣治西舊名寶溪宋熙寧中建

以蘇漕欽居其側改旌賢已壞令李嵩甃
疏水爲十三道改名李公橋陳知柔銘嘉
定間易以石址已而燬嘉熙二年令葉彦
鄭因舊址重新歲久復圮弘治八年尉劉
諤重建提學憲副慈谿楊公子器記德化
治前有水曰滻溪循溪而西上僅
三十步許舊有木橋名廣濟宋熙寧中縣
令李嵩甃建嘉定間易以石址庚寅燬于
火嘉熙戊戌令葉彦鄭重建改今名中歷
兵革屢毀屢復國朝洪武三十一年洪水
猛作民居漂蕩橋亦崩潰景象爲之索然
以後生民稍復共搆以木至正統中鄧賊
流劫入境大肆焚彼之虐而橋又廢不舉
會四明劉君諤來尉是邑之明年獨員署

事先舉宫坊牌次樵樓廨宇以漸脩葺惟是橋工繁費夥而未之暇及邑之父老張昂鄭真蔭進告于庭曰夫橋為一邑之壯觀利百姓之往來匪直風水所係抑亦政令所關也圯壞已數十年未有能舉之者每於春夏淫潦之時溪水漲漫民不得已則假於舟以渡往往有遭其覆溺者蓋不可以一二數也顧吾侯俯從民望以為之尉遂即舊址首捐已俸委所告者二人總其事以司出納之費復募得僧德安特數遍謁于鄉於是輸財樂施之士肩磨而踵接趨事赴工之民蟻聚而雲集若致政留均成太學生陳均旭邑之人郭元旺輩又為巨擘也命匠陳孜六等刊石於山運木於陸肇工於弘治三年閏九月既望畢工於弘治八年三月吉日橋成計旬四大賔覆以屋計二十二楹總其費計銀千有餘兩適于朝覲之秋尉以公云不可留時邑

令德慶黎均獻儒學掌教臨川陳均愷皆起家鄉進士同館合志克相其美語曰因民之所利而利之又曰擇可勞而勞之今數君子於斯橋之利因利致利而不捨尅可勞而勞而不敢怨誠所爲惠而知夫政者也邑庠生范均克仁具其事之本末遣書走价徵余言以記重脩龍岸橋樑之歲月云

花橋　水尾橋

英山橋　高洋橋

龍埕橋　石幢柄橋

舊有龍濟橋魁龍橋龍門橋通驛橋今俱廢

新化里

上翰溪頭橋　上翰溛墘橋弘治間鄉民黃舜造

上溛橋嘉靖二年里人林英等建　東坑橋

許溛橋　信杯橋

舊有惠政橋尉孫應鳳詩百仞崖邊有此橋杠平路穩玉驄驕惠而知政令能幾拈起橋名問國僑　連波橋尉孫應鳳詩橋前成匠剪春羅橋上亭亭物景和明夜元宵一團玉連波還解似金波　將溪橋尉孫應鳳詩夕照斜陽椰外鵝杏園裒謝野人家欲尋春色無尋處盡在橋邊野草花　雲津橋宋簿黃圭詩雲津橋上[illegible]高春結攜巖臺數十[illegible]

有德星星瑞象更從何處覓元龍鯀溪橋聚賢橋雙津
橋球駁橋白泉橋惠濟橋永利橋古額橋
南山橋西嘯橋濟川橋今俱廢
清泰里　　　　德
永寧橋在善坊里
舊有朱沙橋在石獅渡大通橋佐溪橋石塘
橋今俱廢
楊梅中
太平橋　石塔橋

石坂橋

楊梅上

流星橋　山茶橋

仙苑橋　湖頭橋

李田橋

舊有仁壽橋仙槎橋仙榜橋大和橋長

安橋承恩橋今俱廢

東西園

登仙橋　路口[illegible]橋[illegible]

石橋　　會龍橋

舊有梁橋孫公橋通駟橋陽山橋張德橋蘆溪橋大丘頭橋今俱廢

湯泉上

湧嶺橋　　村尾橋

越仙橋　　銘溪橋

通仙橋一名升仙　　樂音橋

普渡橋　　大銘橋

舊有觀光橋廢

小尤中

從龍橋　羅星橋

䃉橋　山平橋

上彭溪橋　下彭溪橋

舊有華巖橋、拳龍橋、潮𡔷橋今俱廢

黄認

林柄坑橋嘉靖七年鄉官大尹林洪造

舊有大華橋廢

陂

古人盡力溝洫崇祀坊庸重水利也縣田多在叢山危耕側種者率引泉以灌一綫之溜舊絕山谷雖旱弗匱間有小陂埭雖非巨川並注官籍宋九陂

國朝復增六陂嘉靖八年水利僉事璦山曾公鵬令典史萬元逵督民以時疏築共十五陂潭池井泉關於水利者也附見于後

坊隅

官陂在石傑村延袤六七里歲兩修築溉

田數千畝

董坂陂在雙魚山下有田輸收以資修築

之費瀨陂户亦捐金助役溉田數千貝

鄭陂在窯頭水尾

董陂在化龍橋

清泰里

藍田通濟陂

小尤中

小官陂

郭洋陂

峽頭陂

磜頭陂

以上俱宋時築

東西園

洪坑口雙陂

泗洲前陂

陂頭陂

楊梅上圍

園宅陂

山茶陂

曾坂陂

以上俱

國朝築

潭

石山龍潭在縣西十里潭面甚隘漁人云行一二𥃩許水流入山下道黑不能去惟近潭淺地𨓜日

照則見其深杳耳嘗因晘水啚有坙山下者見大
魚千百為群不黑龍歟其後驚而遁自是漁者不
敢入

青龍潭在黄懿團北極奇異古有詩刻石壁至今猶
存但水湧急百計莫徃故不知詩中所云惟青龍
潭三字大測而視之可見土人相傳以為羅隱乘
龍背所題云

佐溪龍潭在縣西北善坶里距縣百餘里巖山之間
有上中下三函如竇三泓如甕函水各入泓中上

函獨長夾以石壁高數十丈其雍溜賈水聲如鍾遇陰晦或龍出焉潭上有龍王廟守眞公德秀嘗禱果驗

池

官學池在縣治東學宮之後旁

仙池在縣北湯泉上團九仙山巨石中有穴深不可測

井

雲居井在縣治東味清冽

羅漢井在縣東羅漢寺前水極清洌

龍眼二井俱在縣治南俗謂之龍眼井

仙居井在湯泉上團九仙山頂井闊尺許有水冷然汲之不竭

温泉湯井在縣東新化里其源自戴雲山而來凡有七穴宋貢士顏克宗詩云陰陽炭兮天地爐融液好景人間無不酸火炎兩不用清流自沸跳明珠何當揚波激滄濱天地不許氣翳生何當翻波剪酷吏羣黎坐使心眼明堯舜君民均一視匹夫四婦皆使被洗除煩苛不擇地奚止一泓而已矣

一在黃認團一在下湧團地名湯嶺頭宋鄭翰臣詩云山川

何自起炎涼解使地中泉作湯地脉若非神力煖
水源應有石流黃噎波常湧無冬夏熱溜何曾敗
雪霜自古驪山有溫
谷豈惟神女為秦皇

泉

瀑布泉在湯泉上圍九仙山南有聲淙淙若自雲間
而下久晴鳴則雨久雨鳴則晴宋主簿柳德驥詩云天挿一泉聲潄玉地高六月夜凝霜

端午泉在縣西北三十里五華山山渴水唐咸通中
鄉僧無晦穴土得泉深數十丈忽五月五日指其
井語人謂斯泉萬古及斯日則溢而欄吾化後以

斯爲證至今五月朔則泉若至五日盈溢院挹注
以辨千人齋翌日復如故名之端午泉中主簿陳元通詩齊
此逢端午山巔笋正肥盈虧觀井脉豐歉識天機
饑辦一盂齋寒供百衲衣俗緣磨不就纔到又懷
歸簿鄒德驥詩有箇靈泉在翠微我來問訊水方
肥盈虚默順陰陽氣消長先知天地機金井祥開
波有穀銀𤓰冷逼苔生衣浮名不直一杯水滿酌
甃餅拂袖歸邑士陳澧詩往來井井無更改泉脉
何端有瘠肥正坎沉潛存盛德逢離衝激動生機
自註云坎水也月也陰中之陽也離火也日也陽
中之陰也水潤下遇火則激上生此一陰所以根
於午也月之虧盈亦以日之遠近相激薄而成之
也

風俗

夫山海異制習俗異尚自古爲然德化九星圖大抵風俗大同小異今舉風氣習尚歲事爲俗之可驗者具列于篇

德化宅萬山中複嶺重岡斷綆舟航地高而寒多氣鬱而嵐深春秋霾霧霏霏晨起山村盡失八九月間尤甚木犀花則人多嬰瘴瘧十室九臥盖地氣使之然也農民居山谷間者惟知勤事稼穡饒種苧麻婦女辟績之外無他業園蔬池魚山果僅取

自給宂鬻于市雞鵝漁鹽皆爲外人轉販自晉江而至價視晉江三倍商賈百工藝業亦咸仰賴于外人黃冠緇衣樂工偷兒以及厮隸之類雖弗禁不爲其務本薄末愛惜廉耻至今有古風焉乃若婚姻不親迎疾病不醫藥燕集不精飲饌巧信鬼神好淫祀斯則狃於故習然也至於文風在宋世若蘇總龜之五世簪纓林揚休之祖孫登第黃公從鄭師孟之志行高潔亦極一時之盛

國朝文教覃敷士知力學科第代不乏人成化弘治

以來落莫無聞豈限於山川氣數與抑亦士耆人事有未盡與邇來後生晚學知重清議矜名節文詞動師古昔駸駸乎日臻於盛美矣移易作興之機不無深有望於在位長民者焉

迎春日老稚競看土牛集于龍津化龍二橋元日陳設酒饌男女盛服謁堂祭祖先及所祀之神焚黃白楮錢以祈一歲寧謐正月四日掃淨宅宇備清酌庶羞以俟神降謂之接神上元作燈市三五家共結華表于通衢下綴燈裹十三日放燈十六日

收燈二月沿村落議書社禮遣子弟從師三月上巳用秫米染青爲飯薦于家廟四月八日相傳釋迦佛誕晨浮屠氏浴佛徧走閭巷端午釀角黍飲菖蒲酒延門插菖蒲艾以辟邪七月中旬村村薦亡厲結蘭盆會亦謂之鬼節八月俗傳墓門開家家詣墓祭掃冬至惟自叙長幼拜節非如元旦馳賀十二月二十四日掃屋塵用餅菓酒果祀神及竈謂之送神是夕爆竹除夜飲謂之辭年復爆竹荊俗記云惡鬼犯人多病惟畏爆竹聲一歲風俗大畧如此

山谷間農家多不識字曆日亦罕見測曝豐歉之兆
相傳咸有口訣大畧亦有可紀俗自元日順數至
八日止一雞二犬三猪四羊五牛六馬七人八穀
若其天色晴明則所屬之物蕃育否則災四月芒
種望晴雨以占歲云芒種雨火燒土芒種晴水流
坑是月二十六日最宜北風相傳云熟不熟只看
四月二十六北風吹過南無錢也去擔南風吹過
北有錢糴無穀一冬晴雨惟卜重陽俗云重陽無
雨一冬晴春月雨在風前冬月雨在風後若春風

前無雨則高田必旱鄉民候雨以春颶前冬颶後驗之信然此所謂田家五行其餘方言俚語不能勝載

物產

天地生物本以養人故洪範八政食貨爲先德化物產予惟取其有關於民生日用者具載一二餘不悉著

稻

秔之屬

早仔　長芒　八月白

蘇州紅　烏稻　金城早

師姑早　田大熟　占稻

赤米仔　粟殼　尤溪早

糯之屬

赤秫　無芒秫　白秫

虎皮秫　銀硃秫

苧

苧産小尤中黄認團歲三劉曰春苧月苧寒苧女自衣著紡者名苧布不紡者㓾之以糊名糊布漂而熟者名紗布紗布極細十七八升貴重不遜絲練然女工之巧者不可多得

白甆

甆產程田寺後山中穴而伐之綆而出之碓擣細滑淘去石楂飛澄數遍傾石井中以瀝其水乃塼埴爲器石爲洪鈞足推而轉之薄而苦窳厚則綻裂土性然也甖瓶鑵瓿潔白可愛博山之屬多雕蟲爲飾飲食之器簾拙較之饒州美惡迥絕

蕨粉

蕨蔓生產野山中陸機所謂山菜性微冷取根搗碎用水澄之即爲粉凶年民多取以療饑土人亦以

此相饋遺

油

桐子樹高五六丈顆如梨桍子樹高七八尺房裘然

如栗實俱八月採並可笮油桐油生可燃熟可以

入漆桍俗呼茶油可食可澤首

溪笔

香菜味辛香性極潔長流極清之處始產點滴穢水

及之則窮畦皆萎

蔊菜葉似菔味似芥生於幽澗移種畦圃反不發滋

醃之作虀味甚佳樊宋子和劉屛山食蕨詩云小草有殊性託根寒澗邊懦夫曾一嚼感憤不能休登俎豆爲士所惜如此

石鱗魚

石鱗魚鮭屬生於高山深澗中皮斑肉白味美甚補虛損晝伏竇中夜居山頭石頂最高處北風罕出捕者不可預相告語密以黃曆首一葉納諸竈中即抱松明攜火而去緣崖扳石以火照之見火輒蚩醉不運十不脫一土人飲饌亦以此爲佳品

山腊

麈獐大鹿小皆鹿之屬性善驚飲水見影輒奔駛羅者知其往來之性設機繩以繫其蹄皮革貨衣裘覆爲之用最廣爲截獸爲腊六擾皆不及也

貍有數種香貍所過草木皆香九節貍尾有九節脊毛可爲筆心

雉雞古禮士相見用之白鷴似雉色白背有黑文雉屬也閩越王嘗取以獻漢高帝效越裳獻白雉之意鴿毛皆可以爲旗旌之飾

果

栗子山栗殼成房芒刺如蝟熟則綻裂衣一房或一二三子不等八月熟不可手採冒首擊而下之煨出汗而食本草謂益氣厚腸補腎

木

杉木葉如針刺附枝而生脩直類松歲久不蠹爲宫室者資焉深山危林有大數抱者可數百歲

五鬚松產戴雲山高者不過四五尺蒼鬱可愛好事者取之以粧盆景

花藥

牡丹芍藥產楊梅中湯泉上其花古稱富貴燕都吳郡爲盛閩中絕少惟德化有深紅淺紅淡白二三本邑人亦甚重之蓋此花性喜寒德化山高寒多故宜

德化縣志書卷之二終

戶口

民惟邦本故王者拜受民數知所重也然政平賦輕則數增政暴賦重則數減善為政者順政考時則思過半矣謹考宋世及
國初與近歲所上之數備載于后

宋元豐八年挈主客戶各歸其籍以丁力輕重征差兼論資產然當時差役繁重戶口僞增又科身丁錢米重為民困至有父子流移他所甚至生子不

舉雖經守臣論減而興泉如舊蔡襄奏蠲丁錢臣
伏見泉州漳州興
化軍人戶每年輸納身丁米七斗五升年二十至
六十免放臣體問得僞命日前諸州各有丁錢惟
漳泉等州折變做米五斗至陳洪進納疆土之後
以官斗較量得七斗五升每年送納價錢伏緣南
方地狹人貧終身傭作僅能了得身丁其間不能
輸納者父子流移逃避他所又有甚者往往生子
不舉人情至此可爲嗟嘆伏惟祖宗恢復天下大
去無名之歛然諸州身丁尚猶輸納真宗皇帝哀
憐百姓困窮之弊祥符中特降御劄除福建等六
郡身丁錢四十五萬貫其時漳泉興化亦是丁錢
折變作米無人論奏因仍科納遂致先朝大惠不
及三郡三郡之人引頸北望迄今又四十年矣臣
聞聖人以生爲德以孝爲本今陛下之民不肯養
子不亦累於生生之德乎先朝所行之事有所未
盡陛下推而行之可謂至孝矣伏望陛下上成先
帝之仁下恤遠民之苦蠲放三州軍丁口錢令依

建州例歲納口錢於生民性命活豈少也

德化戶口

宋嘉泰以前

主戶一萬六百五十七	口一萬二千八百七十一
客戶七千一百二十四	口一萬五百五十五

元豐以後	
主戶一萬一百一十八	客戶二千五百八十二
口一萬四千四百五	口六千三百九

國初令民有役色者各以其色占籍於是有軍民匠灶等戶每戶各給戶帖備開籍貫丁口產業于上俾民執照軍匠籍例不分戶缺役以丁男代補每十年一造冊丁口老死田產賣去開除成丁小口新置產業收入

洪武二十四年

戶三千七百二十七

口一萬七千九百

永樂十年

戶

口

正統七年

戶

口

天順六年
戶　口

成化五年

户

口

弘治五年

户　口

嘉靖元年

户一千一百九十五

口六千二百五十八

土田

閩中土田自僞閩王延鈞遣官弓丈量定爲三等及陳洪進納土詔均定租額以土田高下定出産錢復第爲五等德化田數歷宋元皆無可考

國朝洪武初隨地起科只有官民二則民田一而已官田有曰三斗以上有曰三斗以下有曰七斗又有曰今没官等田至永樂十四年奏例准作民田起科遂爲定制云

洪武二十四年

田　官　民

地　官　民

山　官　民

林　官　民

計一千八百六十四頃七十八畝二分

永樂十年

田	官	民
地	官	民
山	官	民
林	官	民

計一千五十五頃九十三畝五分四釐

正統七年

田	官	民
地	官	民
山	官	民
林	官	民

天順六年

田	官	民
地	官	民
山	官	民
林	官	民

成化五年

田	官	
	民	
池	官	
	民	
山	官	
	民	
林	官	
	民	

弘治五年		
田	官	民
地	官	民
山	官	民
林	官	民

嘉靖元年		
田	官田六十一頃三十一畝	民田九百九十四頃九十五畝二分四釐
地	官地二十九畝六分	民地一頃四十四畝八分
山	官山七十二畝	民山七頃一十六畝
林	官竹林一畝二分 地二畝 塘一畝	民

計官民田地山林一千五十五頃一百[illegible]

賦稅

賦稅出於田實惟正之供即夏商周貢助徹之遺意也然自古財賦出於東南今東南民力亦窮矣居民上者其可不知所念哉

宋民賦以產錢爲率產錢以種畝爲定畝有高下不齊故產錢有多寡之異稱夏稅者有三曰布錢稅錢小麥錢秋稅者有二曰糙米白米此正賦也以布稅錢折科曰稈草以糙米折科曰黒豆文有折變白米爲此其大畧也盖宋盛時之法如此自後

民僞日滋産錢日以變眩交易有飛減之弊銷注有匿寄之失户絶莫究所歸逃亡不復追省由是經賦淪失郡以匱聞皆經界不正致然朱文公守泉漳乞行經界法公去事遂寢惜哉

産錢一千七百八十貫三百二十六文

德化産錢不以斗而以束論一束猶言一斗也歸化里一束有至五文六文者永豐靈化新化里一束有三文四文者小尤湯泉黄認上下壅諸團一束一文其向化諸里一束或一文或五分又有新墾無産錢者大抵西北諸里産錢輕自西北而徙去州縣愈遠産淺愈輕又平洋田産錢重瀕山田産錢輕焚穴田産錢重白米田産錢輕此其大凡也自第

五等至第三等與留江間産錢一貫二百文至四貫以下爲第二等四貫文以上爲第一等

夏税

布税小麥稈錢二千一百二十貫四十四文

按宋郡志夏税産錢一文共納布税錢一文二分二釐六毫小麥自産錢一文至六十文納一升滿一百加一升五合其科折稈草自産錢二百文起科納草一束餘皆自此遞增其地自尤溪縣劃入德化者不同布税小麥錢名曰雜納錢每産錢雜納錢一文三分入蠲其納丁米錢亦輕皆所以優恤之

秋税

糙米九百六十九石六斗二升二合二勺
白米一千七百七十石八斗八升
黑豆錢一千五百九十一貫九百一十八文
按宋郡志嘉泰以前秋税產錢一文納糙米一合八勺白米五勺其科折黑豆自產錢四百文以上起科每一貫文納四斗三升三合各縣白米納本州西倉糙米半納本州東倉半納本縣義倉獨德化路遠舟楫不通嘉泰以後盡數截撥在縣蓋所以從民便也
元時只徵秋租元貞二年乃定夏税之制本府每米一石入鈔二貫今可考者惟惠安永春二縣夏税鈔八伯五十九錠二十三兩九錢有奇秋糧米九

千四百六十六石八斗有奇

國朝洪武初悉籍天下田地山林池塘海蕩分爲官民二則起科本縣有夏稅鈔有秋租鈔秋糧米亦皆取諸官民二則舊制民產畝科夏稅鈔四文秋糧米五升惟官產輕重不同有甚重者至一石輕者亦至一斗蓋莫知所始

宣廟深憫斯民之困特下

詔捐減官田每畝原納糧自一斗至四斗者各減十分之一自四斗一升至一石以上者各減十分之

三遂著為定制云

洪武二十四年		
夏稅鈔	一百四十一錠	四貫七百一十文
秋租鈔	五錠五百	七十三文
秋糧米	一萬二千三百六十	八石九斗九合一勺

永樂十年		
夏稅鈔	八十二錠四貫	一伯一十五文
秋租鈔	三貫一伯	五十九文
秋糧米	六千三十九石四	斗三升二合六勺

正統七年	
夏稅鈔	
秋租鈔	
秋糧米	

天順六年			
夏稅鈔			
秋租鈔			
秋糧米			

成化五年

夏稅鈔		
秋租鈔		
秋糧米		

弘治五年

夏稅鈔			
秋租鈔			
秋糧米			

嘉靖元年

夏稅鈔	八十五錠一貫二十九文
秋租鈔	三貫一伯五十八文
秋糧米	六千三十九石四斗二升二合六勺

夏稅鈔今折徵銀每鈔一錠折銀二分五釐於
八分料內帶徵
秋租鈔今折徵米每鈔一文折米四勺於秋糧
內帶徵
秋糧米舊制官民米每石徵折色米三斗或四
斗每斗徵銀三分或四分解京其餘存留際
留等倉儲備至沈御史始奏准將官米通徵
折色銀解京取民米半納折價銀以足之民
米半納本色半納折價存留本處相兼分撥

儒學際留永寧等倉
解京官米四百七十一石八斗四升四合共折
銀一百六十七兩四錢七分一釐五毫四絲
五忽
三斗以下米四百四十九石八斗六升七合五
勺每石派銀三錢六分共銀一百六十一兩
九錢五分二釐三毫
三斗以上米三斗一升四合每石派銀三錢三
分共銀一錢三釐六毫二絲

七斗貼米二十一石六斗六升二合五勺每石
派銀二錢五分共銀五兩四錢一分五釐六
毫二絲五忽
民五升米五千五百六十七石五斗八升八合
六勺
半納本色米二千七百八十三石七斗九升
四合三勺
半納折價米二千七百八十三石七斗九升
四合三勺每米五斗派銀二錢五分共銀

一千三百九十一兩八錢九分七釐一毫五絲內除

轃補倉糧本色米一千七百六十一石二斗三升七合八勺每石該銀五錢共銀八百八十兩六錢一分八釐九毫

轃解官米折色銀二百一十一兩三錢八釐七毫五絲五忽

起解折料銀九十六兩八錢六釐二絲五忽

剩銀二百三兩八錢八分三釐四毫七絲

本縣際留倉上納米四百七十石三升二合一

勺

永寧倉上納米四千七十五石

屯田

屯田自古有之然皆要害之處屯田以爲所守之計今之屯田雖非盡古之法然其通變神化之妙則亦不失古人之遺意焉第法久弊生因時損益則存乎其人

德化田土爲頃一千八百六十四有奇

國朝洪武二十六年戶口消耗田土荒蕪知縣馮翼以狀聞

朝廷乃撥泉州衛前後左右中五千戶所軍士屯種

德化屯田實昉乎此每屯領種百戶一員軍大率一百一十名然亦有二十名以上九十名以下者每軍給田二十七畝有奇歲徵正糧一十二石給本軍月糧餘糧一十二石運給守城軍士永樂三年復撥軍補種其未盡者共額徵本色細糧二千五百二十七石五斗自後軍多亡故田半就荒乃議正糧不徵聽其自給止徵餘糧六石弘治二年衛清出故軍三百餘名復撥餘丁一百一十名每名給與故軍田或三名或二名朋搭增納折色銀

一百七十七兩弘治十七年選官倪給事清查不知田畝荒熟存没之故盡數清出增撥軍餘家人一千五百二十一名每名只給與故軍屯田或一名或名半加增折色糧銀二千五百八兩軍士輸納不堪多亡去至屠御史廉知其弊
奏准照舊輸糧嘉靖九年管屯僉事南昌姜公儀訊屯糧逋負皆由屯軍包攬所致移檄有司帶徵以絶其弊云
歸化里屯田四所

蔡逕屯　石𥓓屯　溪口屯　后山屯

靈化里屯田五所

張乾屯　高洋屯　路尾屯　董坂屯

壅溪屯

新化里屯田二所

石巖屯　南昌屯

永豐里屯田三所

盖竹屯　三際屯　九際屯

惠民里屯田二所

蘇洋屯　十二翰屯

小尤上團屯田二所

後坪屯　前埔屯

十八都屯田一所

山寨屯

嵩平里屯田四所

東際屯　烏杵屯　鄭地屯　樵溪屯

清泰里屯田一所

慶樂屯

黃認團屯田一所

後格屯

小尤中屯田二所

溪頭屯　硯坑屯

東西團屯田一所

法林屯

湯泉下屯田一所

黃坂前屯

下湧團屯田一所

湯頭屯

楊梅中園屯田一所

葛陂屯

楊梅上園屯田一所

黃村屯

德化縣志第四卷

雜賦

古者藏富於民故用其一而緩其二後世征歛無藝費出無經若鹽鐵酒醋諸課既非維正之供又復併於一時如之何民其不窮而起爲盜也耶此固爲治者之所當念也

鹽課

宋制隨產錢高下均敷鹽錢分夏秋二料輸納有曰鹽產錢有曰浮鹽錢均隸轉運司通判廳掌之以

支吐渾添給請給之費有曰鹽息錢隷本州又有
貼納鹽錢隷提舉司掌於通判德化産鹽錢每産
錢一文至五十九文納鹽一斤每鹽一斤錢一十
七文八分浮鹽錢隨宜措置其價與産鹽同後罷
徵
鹽産錢一千二百三十二貫四百二十一文
浮鹽錢五百六十九貫八十一文
鹽息錢一百六十六貫二百六十文
貼納鹽錢六十八貫二百五十文

國朝為邊儲計令民閒計口納米男子成丁婦女大
口歲納米八升官支與食鹽三斤後鹽不支民納
米如故天順七年罷米每口折鈔六貫每貫折錢
二文中半兼收內本色鈔三貫銅錢六文閏月每
口加鈔五伯文嘉靖六年欽奉
詔書起解京庫鈔本色每貫減免只徵銀一釐一毫
四絲五忽折色仍舊嘉靖七年聶御史復將二鈔
并入八分丁料銀如數支解
本縣折鹽米四百五十六石六斗六升折鈔三

萬四千二百五十七貫
本色鈔每貫徵銀三釐
折色鈔每貫徵銅錢二文每錢七文折銀一分
起解南京庫鹽糧米二百二十八石二斗八升該
折鈔一萬七千一伯二十八貫五伯文共折銀
五十一兩三錢八分五釐五毫
本色鈔八千五伯六十四貫二伯五十文該銀
二十五兩六錢九分二釐七毫五絲
中半折色鈔八千五伯六十四貫二伯五十文

該銀二十五兩六錢九分二釐七毫五絲
水脚銀一兩二分七釐七毫一絲
存留布政司庫鹽糧米一百七十三石五斗八合
該折鈔一萬三千一十三貫一伯文共銀三十
九兩三分九釐三毫
本色鈔六千五伯六貫五伯五十文該銀一
十九兩五錢一分九釐六毫五絲
中半折色鈔六千五伯六貫五伯五十文該
銀一十九兩五錢一分九釐六毫五絲

存留本府庫鹽糧米五十四石八斗七升二合該
折鈔四千一伯一十九貫四伯文共銀一十二
兩三錢四分六釐二毫
本色鈔二千五十七貫七伯文該銀六兩一錢
七分三釐一毫
中半折色鈔二千五十七貫七伯文該銀六兩
一錢七分三釐一毫
鐵課
宋產鐵之場德化曰赤水在湯泉里慶曆三年禁與

販入海後有詔許於兩浙貨賣未幾濱浮孫中德
化信洋上田丘埕鐵砂尚有業作者通判學之歲
額錢一百五十五貫七十文曰爐稅錢解送建寧

坑冶

國朝悉罷官坑冶鐵課均敷丁田出辦今紐在八分
徵料銀中辦解
鐵課鈔二伯二十一錠二貫二伯八十五文閏月
加一錠二貫二伯七十四文
課鐵七百七十一斤一十兩九分

商課

宋諸縣各有稅務建炎四年以德化縣去永春不滿六十里不當置兩務然其遺利陪綱二五分靡費頭等稅錢俱仍舊兼掌於永濟云

遺利錢五百五十貫二百六十文

陪綱錢五百一十九貫六百七十二文

增稅二五分錢一百八十五貫六十八文

靡費頭錢二十八貫四百六十八文

國朝洪武初稅課局凡貨物稅三十分之一永樂七

年差有職事人點閘遂以所點爲額正統元年以課鈔不及三萬貫詔罷革本司兼領之後貨物強不復稅課額倚辦於巡攔歲編有丁力人戶充之正德年來則取辦於當年里甲云

帶辦稅課局實徵商稅等課鈔

原額商稅等課鈔六千二十一錠三貫八伯一十八文閏月加鈔四十七錠六伯文

商稅課鈔五伯九十六錠二貫三伯七十六文

閏月加鈔四十五錠二伯文

門攤課鈔二十四錠閏月加鈔二錠

契本工墨課鈔一錠一貫四伯四十文閏月加

鈔四伯文

新增門攤課鈔九十六錠一文閏月加鈔八錠

各色課

酒醋等課稅四伯八十八錠一貫二伯七十二

文

酒醋鈔二十一錠四貫七伯六十文閏月加鈔

一錠四貫一伯四十六文

窯冶課鈔二伯四十二錠四貫三伯三十四文
閏月加鈔二十錠一貫一伯九十五文
係官房屋賃鈔一錠三貫四伯一十八文閏月
加鈔七伯二文
茶課鈔一貫四伯七十五文閏月加鈔一伯二
十三文
農桑絹
宋令長吏勸民廣植農桑有伐以爲薪者罪之而調
其絹紬絲綿以供軍需

國初令民有不種桑麻者罰之近復
明旨叮嚀而有司奉行僅如故事德化遞年輸絹取
辦於通縣丁糧非有業戶主名可以徵納殊失立
法之意云
絹一疋一丈八尺六寸折銀二兩四錢

上供

上供諸色物料即古所謂任土作貢之意也昉於禹貢列於周官亦邦用所不可廢者也德化上供唐以前無聞至宋始有可考然亦不能盡究其詳云

宋土貢甚少然亦屢報罷不常貢獨聖節大禮供軍等銀始於唐末方鎮擅命託進奉之名以贍己私後雖裁損其數而名尚未盡革也及南渡軍興於是名色繁多至主者不能盡究大抵非有丁田名

額之人可指擬皆有司隨宜措辦焉耳
上供銀四百七十五兩五錢九分二釐五毫
三色上供錢九百一十七貫三百四十二文
大禮賞給錢九百七十七貫五百四十六文
統制官供給錢六十貫
經總制錢七千四百七十七貫九百八十文
官戶不減半役錢五十貫六十四文
減吏顧役錢九十三貫五百一十六文
嶽廟官給錢二百四十貫

備道免丁錢九百九十貫一百五十文脚錢
九貫九百單一文
春冬衣賜錢一千六百七十六貫
國朝洪武永樂間名品甚少取民亦甚輕至天順以
後正德以前視國初名品漸繁取民亦漸重有歲
辦有額辦有雜辦均數於該年里甲以丁糧多寡
輸納至沈御史奏准每米一石人一丁歲徵銀八
分類收在官隨年支解云

洪武貢額

雜色皮四十張
翎毛三十枝
黑角弓四十張
弦三十條
箭四百五十枝
永樂新貢
白糖三百五十斤
天順宣德成化無考
弘治正德嘉靖貢額

額辦

曆日紙一萬二千張該價銀三兩六錢公李

煙筭料價銀一兩一錢二分二項共銀

四兩七錢二分

藥料樟腦三十二斤三顆子四十斤共價

銀九兩二錢八分

段疋弘治八年始派羅段八疋該價銀一

百單四兩正德嘉靖無徵

翠毛四箇弘治正德年俱徵銀一兩四錢

嘉靖元年徵銀一兩二錢
弓八十四張弦四百二十條箭一千八枝
弘治年徵銀一百五十兩一錢正德元
年只徵銀四十九兩六錢五分八釐六
毫七絲
翎毛弘治元年二千二百根徵銀二錢三
分正德元年二千二百根徵銀二錢三
分一釐
麂皮弘治元年二張徵價銀一兩正德三

年一張徵價銀五錢
麂皮弘治元年二張徵銀七錢正德元年八張徵銀五兩六錢正德三年一十七張徵銀一十一兩九錢
軍器弘治元年徵銀二十九兩正德三年徵銀一十五兩七錢五分以後至嘉靖年俱同
胖襖雜皮弘治元年四十張徵銀二兩八錢正德六年四十張徵銀六兩四錢

歲辦

白沙糖四百六十八斤三兩正耗銀二十八兩九分一釐二毫五絲桶槓繩索銀三兩一錢三分六釐八毫五絲六忽二微五纖

黑沙糖二百四斤一十三兩正耗銀二十兩九錢四分九釐三毫桶槓繩索銀一兩三錢七分二釐二毫四絲三忽七微五纖

黄蠟四十四斤正耗銀七兩九錢一分桶
楨銀二錢五分八毫
白蠟三斤一十一兩正耗銀壹兩壹錢六
釐二毫五絲
芽茶三十一斤正耗銀四兩八錢三分六
釐桶楨銀一錢七分六釐七毫
葉茶二十六斤正耗銀六錢二分四釐桶
楨銀一錢四分八釐二毫
荔枝一百三十五斤八兩正耗銀四兩八

錢七分八釐桶槓繩索銀九錢七釐八
毫五絲
龍眼一百三十五斤八兩正耗銀四兩八
錢七分八釐桶槓繩索銀九錢七釐八
毫五絲
香蕈二十斤八兩正耗銀一兩四錢七分
六釐桶槓繩索銀一錢三分七釐三毫
五絲二忽
蜂蜜三十七斤一十五兩正耗銀九錢一

分五毫桶槓繩索銀二錢五分四釐二

毫八絲一忽二微五纖

牲口每季銀三兩七錢四釐二絲

以上物料弘治正德嘉靖各年俱同

水牛底皮弘治元年一張派銀一十一兩

正德元年一張派銀一十三兩正德三

年一張派銀一十三兩嘉靖元年三張

派銀二十五兩五錢

蘇青弘治十八年六兩該銀一錢八分嘉

靖四年八兩該銀二錢五分
牛觔正德十一年派四斤八兩該銀三錢
六分
黃熟銅弘治年間三斤該銀四錢八分正
德元年二斤十三兩該銀四錢五分嘉
靖元年三十二斤該銀五兩七錢六分
紅熟銅弘治年間三斤該銀四錢二分正
德元年二斤十三兩該銀三錢九分三
釐七毫五絲嘉靖元年九斤該銀一兩

二錢六分
石大青弘治四年一斤徵銀八兩正德元
年二兩三錢七釐六毫九絲二忽四纖
徵銀一兩一錢五分三釐八毫四絲六
忽一微七纖正德三年一斤徵銀五兩
金泊弘治十七年四十四貼三分四釐該
銀三兩二錢四分七釐八毫正德元年
三十三貼八分二釐二毫該銀二兩三
錢六分七釐五毫四絲正德十一年五

十六貼三分該銀三兩九分六釐
硇硝正德十一年派五斤價銀二錢四分
銀硃弘治二年派四斤一十五兩該銀三
兩九錢五分正德三年派一百二十二
斤一十兩該銀八十五兩八錢三分七
釐五毫至正德十一年三斤該銀二兩
四錢
黑鉛正德十年至嘉靖九年徵九斤該銀
五錢四分

續紗紙劄弘治十四年派銀一百一十七
兩七錢五分五釐五毫正德三年派銀
一百九十三兩八錢七毫六絲二忽五
微正德十年派銀五十五兩二錢七分
串五絲正德十三年派三斤該銀三兩
明綱甲葉熟鐵三千二百六十斤該銀八
十一兩五錢生鐵一千六十四斤該銀
一十二兩七錢六分
課鐵弘治二年徵三百八十五斤該銀一

十三兩四分五釐弘治十一年派七百七十一斤一十一兩九分該銀九兩九錢一分六釐二毫四絲正德元年徵七百七十一斤一十兩該銀一十一兩九錢一分

雜辦

木炭正德四年派一千六百一斤該銀八兩五釐正德十一年派七十八斤該銀三錢九分

生漆弘治三年派三十三斤四兩該銀六兩六錢五分三釐一毫三絲五忽正德元年派三十一斤五兩該銀六兩二錢六分二釐五毫正德三年派三十六斤九兩該銀四十五兩九錢八分四釐三毫七絲五忽嘉靖元年四十斤該銀八兩

棕毛弘治元年派三十四斤八兩該銀五錢八分六釐五毫正德元年七斤一兩

該銀四錢二分五釐正德三年二斤該
銀一錢五分嘉靖　年五斤五兩該銀
三錢三分
黃蠟弘治元年三斤二兩該銀四錢六分
八釐七毫五絲正德元年三斤該銀四
錢五分嘉靖元年三斤該銀四錢五分
水膠弘治元年二斤徵銀一錢八分正德
三年三斤該銀三錢
白麻弘治十年派一百一十斤該銀三兩

三錢正德三年派一百九斤該銀二兩
七錢正德十一年派三十六斤一兩價
銀一兩八分一釐八毫七絲五忽
苧布正德八年派一十一疋該銀六兩六
錢正德十年派一疋該銀一兩
鐵線正德三年派一百二十二斤一十兩
該銀二十四兩二錢二分二釐正德十
年派四十五斤該銀八兩
荒絲正德十一年派一斤該銀四錢

熟鐵弘治五年派八十九斤該銀一兩七錢

按德化額辦歲辦雜辦各料銀共該一千一百八十二兩四錢二分七釐四毫五絲五微本縣歲入丁米銀僅六百五十五兩八分七釐尚欠料銀五百二十六兩九錢四分零以秋糧半納折價銀二百三兩八錢八分及同安縣剩銀三百二十三兩五分輳補之然考同安之銀自來不曾解到而本縣各年需用亦不至缺乏者以各項物料遞年有奉

派到亦有不曾奉派到故其豁除之數自相當云

支費

邑中歲用春秋祭祀鄉飲酒禮等項著在令式所謂經常之費不可廢焉者也故必歲徵錢穀以供之實有常數唯官府冗費不敢登載簿書以時會計而里甲日每支應無有藝極御史李公如圭患民力不堪令里甲以丁糧出銀若干盖爲常例以節之已而銀積於庫而里甲日支應如故御史沈灼復申明之嗚呼孔子論治國曰節用而愛人孟子

論爲政曰省刑罰薄稅歛然則節用薄歛其亦司

民牧者今日之急務與

文廟二祭該銀五十兩

社稷壇二祭該銀一十五兩

山川壇二祭該銀二十一兩

邑厲壇三祭該銀二十一兩五錢

鄉賢祠二祭該銀七兩

名宦祠二祭該銀七兩

鄉飲二次該銀三十兩

雜用銀二百七十兩

當貢之年加銀三十五兩見年里甲派徵

役法

民有力役之征亦其分所當然後世既征其力復榷其財既庸其身復無其産役之不觧久矣斟酌損益俾役法適其中正是故存乎其人

宋制分鄉吏二役鄉役有保正副長竝於産戶均差掌課輸及煙火盜賊吏役有衙前以産戶均差有人吏初差税戶以其不省文書遂召有産業人貼司募充其手力差第二第三等戶至於厨子庫子醫人攔頭專知雜職則又或差或募不一云

鄉役

保正副四十名

大小保長共九百一十六名

鄉書手一十二名

吏役

人吏一十二名

貼司一十六名

手力二十七名

廚子庫子醫人攔頭專知各一人

雜職三人

國朝役制一里十甲挨次輪差有正役謂之里甲有泛役謂之均徭正役凡十家爲甲別推有産力者爲之長一里之地爲十甲者共一百一十家循環應役催徵錢糧勾攝公事及出辦上供物料官府一歲經常雜泛之費皆以丁産兼論十年造册則有書手一人貼書二人其在縣坊者爲坊長每里又有老人一名主風俗詞訟總甲一人掌覺察地方非常凡老人總甲以爲衆推服者爲之泛役亦

在於十甲人戶內輪差正役歇役五年方一次著役蓋亦寬民力之意也分銀力二差米一石准夫一丁辯其老弱不堪與夫有職事及鹽戶俱從優免外然後以丁米填各衙門應役每丁一丁米一石大約價銀不逾五錢若一歲丁米能盈縮於當役之數者亦增損以均云

正役

坊長一名

里長八名

書手九名

老人總甲各九名

泛役

銀差書手皁隸等項三十六名計該銀二百四十六兩

布政司清軍館書手一名工食銀八兩

福寧道皁隸二名每名工食銀四兩共銀八兩

福州府借撥皁隸一名工食銀一十兩

本府直堂皁隸三名每名工食銀四兩共
銀一十二兩
本縣祇候五名每名柴薪銀一十二兩共
銀六十兩
本縣馬夫二十名每名銀四兩共銀八十
兩
儒學膳夫二名每名柴薪銀二十兩共銀
四十兩
儒學齋夫四名每名工食銀一十二兩共

銀四十八兩
力差門隸等項三十七名計銀一百八十
七兩五錢
布政司分司門子一名工食銀一兩五錢
本縣門子一名工食銀二兩
社稷壇門子一名工食銀八錢
山川壇門子一名工食銀八錢
邑厲壇門子一名工食銀八錢
丁溪公館門子一名工食銀一兩

架閣庫庫子一名工食銀二兩

預備倉倉夫五名每名工食銀六兩共銀
三十兩

禁子四名每名工食銀三兩六錢共銀一
十四兩四錢

直堂隸兵一十六名每名工食銀三兩六
錢共銀五十七兩六錢

際留倉斗級二名每名工食銀二兩八錢
共銀五兩六錢

儒學殿夫一名工食銀四兩二錢
儒學庫子二名每名工食銀六兩共銀一
十二兩
儒學門子二名每名工食銀四兩二錢共
銀八兩四錢
儒學斗級二名每名工食銀六兩共銀一
十二兩
縣前鋪鋪司兵三名每名工食銀三兩共
銀九兩

高洋鋪鋪司兵三名每名工食銀三兩共
銀九兩

按宋初役民之法未爲不善自熙寧行保甲罷耆戸長壯丁而法始變至元祐復耆戸長壯丁猶以保甲而法大變及紹聖而後以耆戸長壯丁錢盡歸公上而法盡變民避役如避寇舉世盡然端平既正經界乃按籍選差於是因數都義役之舊一以乾道詔書從事排年任役率田供費脩畫列之規約宸旨丁寧一一具載之曾未二十年更革幾

復遺而受害者大抵如故我
朝役法照乎前代里甲十年一次均徭五年一次應
役悉聽民便蓋通其變使民不倦神而化之使民
宜之行之百六十年官無缺役民無失職豈非立
法之善與正德末年巡按御史沈灼復取里甲歲
額雜辦等料民壯驛遞等差悉從紛更當時民心
嗟怨驛遞官吏馬首人等俱各逃竄至沈復命出
境之日令皁隸自臺行裝有立法自斃之嘆惟里
甲八分丁料銀在城郭坊隅諸人頗爲稱便至於

鄉都小民重者輸錢一百文稍輕者亦至八十文至十年應役百九輸辦如故是正役之外遞年復多一八分丁云此可見
祖宗立法之意未容輕變而古人謂革弊去其太甚者嗚呼此可以監矣

民兵

縣宇萬山中無高城深池可以防守與汀漳南
劍三州接境歷宋以至今日廣東汀漳寇發德
化輒遭其荼毒民兵容可忽乎哉

宋

弓兵六十名

宋初以中等產户隨縣大小等第選差專切警捕不
許他役熙寧行顧役法仍選人材少壯者以充著
爲令免本身差役元祐復差法紹聖復熙寧法

國朝

高鎮安仁二巡檢司弓兵共六十名

本縣操備機兵一百名

國初洪武間僅置弓兵正統以後漸置民兵始曰快手更曰民壯皆無定制隨時糾集下戶充之正德以來世多擾攘乃下

廷議允縣各置機兵通以丁米均排首戶出身從事戎行餘爲貼戶年貼衣裝十年一替弓兵亦照丁米編充云

卷之四終

德化縣志第五卷

縣署

甘棠所茇召南見思路寢孔碩魯邦作頌一代規制容可闕而不載乎雖更前代煨燼無存昔賢創始之功恐俾泯没故通敘之其餘廨舍悉附于司存之後

縣署在龍潯山下僞閩以前爲善業寺後唐長興四年升場爲縣因以爲廨東西相距前橫闊二十二丈後橫闊四十四丈直深四十八丈四尺越宋熙

寧年陳令居方更營繼房爲倉庫東倉中爲蒙堂
以治事後爲宅堂濱山地狹僅可容寢紹興十三
年吳令崇年始鑿山廣其基爲堂十有二間東縕
仁堂蔣令雝立年次膺記西眞清堂陸令浚立公
暇游息有梅臺有秋香馴雉壺賛三亭淳熙四年
外門抵琴堂皆燬林令叔度復營琴堂劉令公隆
營外門鄭令旦之卽綠野亭改爲學道堂綠錦亭
改爲燕清亭季令元才營中門紹定庚寅又燬於
令倚重建中堂黃令之望繼營邑廳事葉令彥卿復

建重門及鼓樓胡令雅梅於門內立兩廡東為吏
舍西為倉庫犴獄廳事之後西為書院旁為百花
亭黄令忠叟創直縣門舊有春波樓取古讖春溪漣波朱紫堪
香語淳祐己酉冬吳令一鳴重立門外宣
詔班春二亭及新四圍垣墉縣扁舊為篆文更立新
扁李宮講桂高書歷元朝至元丙子至治壬戌允
兩燬翟令彬李簿德仁達魯花赤千奴沈令思緼
攝令王良積雖相繼脩建然歲久傾壞
國朝洪武閒王令貞余丞表古簿彥輝大脩之規制

視昔有加正統十三年燬于沙冦鄧茂七玉尉志
安重搆正廳景泰末廳復燬天順初李令青新之
并立儀門正德十四年張令綉重建譙樓自爲記
嘉靖元年胡令呈章重建旌善申明亭嘉靖九年
許令仁欲復闢臨溪地及捐俸易民地重建春波
樓迄今規制整備廳事左爲典史幕右爲架閣庫
六房承發科列于東西廡正廳後爲縣令衙幕廳
西爲典史衙架閣庫旁西爲吏舍際留倉儀門內
西爲獄外西爲土地祠外左爲申明亭右爲旌善

亭南為譙樓此邑衙之大畧也邑令張紘記云泉乃關之准郡德則
泉之德邑群山萃嵂羅峙一溪迴邐前遶適小澗
會溪為丁字之形有文明之象焉德邑爰立地廣
人稀罕戶沿華今僅存九而縣治儀門之外故有
大門上設譙樓懸鍾鼓以司更嘹望尤庫獄捍禦
之攸關焉予乙亥之秋蒙授職蒞此目其譙樓東
西兩厦瓦壓於上級夷于下旋葺旋頹粵丁丑之
夏朝覲而歸厥中之兩間亦椽蝕棟倚頹將過半
凡出入啓閉司更嘹望實維有艱剝鄰封流冦蝟
集流毒而覬覦啓侮實切戰兢我邑民庶尤害於
踈求之緊不可以纖毫勞擾載思之無何乃自捐
俸及囿夫之餘者三十兩市杉百株尼於上命弗
遂葺營日復日而傾圮尤甚乃僉謀請支公帑無
礙官銀七十兩再奏市杉傭匠買料申蒙巡按侍
御周命允爰戊寅季冬歲君交承而興工令其民
之敦確者鄭旺林鸞毛俊敏董其事迄己卯孟夏
瞉雨而落成翬飛鱗次非惟頗足凝目而改觀實

足以捍患而禦侮矣此後保障有道夫復何虞或者有日長府可仍此奚胥胥未免私議殊不知惟事事乃有備有備無患此古之格言爲政之先務也然此事此舉揆揆一心可以歡諸庶民建諸天地質諸鬼神而不悖無疑焉

因識豎樓之本末而併及此

陰陽學

陰陽學在縣治西洪武十八年建

醫學

醫學在縣治西洪武十八年建二學今俱廢

僧會司

僧會司在靈化里程田寺洪武十六年建今廢

道會司

道會司在縣治西南永豐里崇道宫故地今廢

巡檢司

高鎮巡檢司在東西團劉坑廨宇久廢嘉靖九年許令仁斥淫祠慈濟宫改立前堂三間東西廂二間門樓一間繚以垣墻

安仁巡檢司在黄認團廨舍久廢今暫移在龍安寺

養濟院

養濟院舊名存恤洪武九年王令貞剏于龍潯山麓

久廢嘉靖九年許令仁斥縣東眞君淫祠改爲今
院內屋大小八間外有門墻空地仍借撥學米以
給孤老衣糧之資許令仁請立養濟院借撥學米
關文伏讀憲綱內一款一存恤
孤老仁政所先仰本府州縣行移所屬九有鰥寡
孤獨廢疾無依之人俱收入養濟院常加存恤合
得衣糧依期按月支給毋令失所遇有
疾病督醫治療欽此照得養濟院乃
聖朝至仁汪濊澤及窮民司牧民之責者所當欽
遵豈敢輕緩本職自嘉靖八年八月內到任以來
其六院久廢卽欲請建緣糧無處遞值饑荒且
多圖惟誠恐財木難給今據孤老朱尾娘等八名
連僉告稱年冬饑荒尾娘等孤獨日食無依乞賜
立院收養庶活微命等情據此隨看得縣東私創
淫祠一所內有大小屋共八間外有門墻空地不
用改造脩理只豎扁額堪爲養濟院不待勞民費

財所萃集矣又查得本縣儒學所生并吏香燭俸
銀因缺官吏廩膳歷年積累見貯在倉米一千二
百四十四石九斗六升有零內扣今年本學該支
糧三百二十二石九斗外尚實在米九百二石伏
乞量撥分五六十石發際留倉以為群孤之備緣
于倉糧未敢擅便如蒙准申則亦惠而不費庶鰥
寡孤獨之無依
者各得其所而
聖朝存恤之盛典不至久廢於山
縣也合關本縣煩為轉達施行
前刑部員外郎仁和邵君經邦記惠政有成曰惠
政有成者今竹匡許公之令德化而民書之也見
任則不書此何以書以記濟院而書也濟院者何
存恤孤老
國之綱憲公之有事也夫存恤孤老著於甲令月
餼歲稽寒有帛燠有絺此常格也常何以書他邑
其常也德化其創始也邑處邃谷門
制屬裁減前令以其減也而行之太簡徽公百年

亦曠典耳烏得而無書且夫減者限錢穀省力役寡里甲薄征藝如之何其能改作也縣當郭門之東故屬龍潯山亂曰慈濟廟非祀典也公得而正之所謂仍舊貫也而又何改作焉然則公之作者亦多矣里之蟄射之圃肆武之場滙溪之潯與夫鄉賢名宦之祠百廢殆皆興也弛則何不書聞諸唐虞爲政史臣贊之曰困窮無告不廢文王治岐孟子稱之亦曰鰥寡孤獨必先則小民之請猶然廸於是以其言告於彥陳子名伯容周子名瑚陳子周子因學博黃君名興以告於仁和邵子邵子曰大仁者其存之靡其底也其施之靡其迹也由博施濟衆以至匹夫匹婦之所不能盡而必視如己者豈有他哉天之化物也本以竝育竝行而飛走蠢動一或息焉天無極功矣地之變形也本以生長收藏而摧殘夭折或遺惡地非完德矣司牧者亦猶是也既以求牧與芻而得之而必親其齊齋祭其肥瘠俾痒疴疾痛切於吾身然後牧孳有成而禎祥可致諸福可臻豐年可介庶育可繁

教化可成登人材厚風俗□□□行王政以□企唐虞有周如斯而已矣若是殆吾儒分內之事而公何以必於書之哉公名仁字元夫故同里閈且聯姻婭其道視余爲先茲任也細而窮閻大而遍顯明而臺察親而岳牧合聲同詞可無憮也乃若學博而正行守純而執義生平無負頼之心而通貫有契道之旨則鄉評右之所在歸之而茲邑之名宦當不可闕吾故可遜也遂記

漏澤園

漏澤園宋在龍潯山麓久廢嘉靖九年許令仁重立在縣東東嶽廟旁空地深九丈闊十二丈扁以門額繚以垣墻

行署

福寧道在縣治東宋教場地洪武九年改建

預備倉

預備東倉二間在縣西

預備西倉五間在東西團巡檢司故地

預備南倉四間在新化里

預備北倉五間在楊梅中俱洪武二十四年建

敎場

敎場今借社稷致齋所為之知縣許仁申請復舊

關隘寨

德化多崟山翳林支徑旁達五州輻輳盜發汀延廣贛間而德化輒爲走集之區宋淳熙以後官廬民舍三爲煨燼

國朝沙賊鄧茂七漳賊溫文進廣賊大總二總等不知其幾夥皆極爲殄毒今考宋時防戍凡六路國初俱廢自正德以後乃因故址增至一十三隘所以嚴警察遏亂萌亦時政之不可不脩者也

宋

官井關　在楊梅中團

湯尾關　在湯泉下俱與尤溪縣為界

巖市關　在小尤中通五路尤為最切部守真公顔公嘗欲置寨不果

平盧隘　在東西團宋真德秀申尚書省樞密院乞置寨事謟得本州永春德化二縣與汀漳南劔三州接境紹定三年汀冦既破龍巖長泰遂由漳境徑犯永春犯德化兩縣遭其荼毒至今瘡痍未瘳某自到任即揀寄居七人陳述利害謂合於永春縣衝要之處刱置一寨以左翼軍兵百餘人屯戍庶可弭患未然某旋加訪問衆口一詞俱稱利便見委官同本縣知縣陳珙相視形勢及牒左翼軍統制齊敏預加揮選準備番戍外刱造寨屋發遣官兵不無支費本州目今困於宗

子俾錙委是無可那融契勘交承錢內有脩[illegible]
會四萬六千貫文擬欲權行兌用無官兵出戍例
有至券諮得建寧府左翼軍出戍浦城縣等處其
坐券錢米係通判廳於官錢內支給合具申朝廷
劄下從其所申於永春縣置寨一所差左翼官兵
一百人更番出戍仍於權將椿管收成官會兌用
別具細數申乞除豁及劄下本通判廳
官錢內支給生券錢米伏乞指揮施行

三縣寨 在新化里郡志作雲峯里立店村太平
祥符間因本路提刑奏乞就置巡檢于
永春德化始議剏寨于永春邑中九三儀卒以德
化尤嶺下五州輻輳遂即其地建焉主德化永春
安溪三縣元豐三年遷額管
土軍一百二十五人今廢

國朝

蘇坑隘 在坊隅通永春

劇頭隘　在坊隅通永春

盖福洋隘　在坊隅通仙遊永春縣

上際隘　在永豐里通永春

石門隘　即平盧隘在東西團通尤溪沙縣

油竹隘　在楊梅中大官嶺下通尤溪

鮀嶺隘　在楊梅中通永福

湯嶺隘　即湯尾寨在楊梅上通尤溪

尤牀隘　在湯泉上通尤溪三十都

赤嶺隘　在湯泉上常安村通尤溪三十一都

蕉嶺隘在尤中通尤溪

長安隘在黄認圖通漳平潮州

伏虎隘在湯泉上萬豐巖至元丙子高平常以地接汀延二縣撥軍守禦廢本朝重設

鋪

置郵傳命厥制惟舊宋以軍士充鋪兵歲支於平林倉

國朝以均徭人戶編差每鋪只鋪司兵三人一年一換云

縣前鋪在縣治東宋元舊基洪武六年王令暨建後圮于水三十五年古簿彥輝重建今廢

高洋鋪在縣東十里南接劇頭隘

壇壝

古者享于至誠錫以繁祉黃雲蓋於神鼎紛光燭於靈壇載諸祀典實不可誣國朝準古酌今設壇壝三曰社稷曰山川曰厲實所以盡明禋告報之誠第歲久坍塌司民社者視爲不急之務而忽之惜哉

社稷壇

社稷壇在縣西舊即地而祭宋紹興中林令及始甃二壇邑人立庵於其側嘉泰甲子趙令彥㵯重建

齋廳結甃壇壝植以松栢仍更新庵宇揭名曰祐
善歲久傾圮淳祐己酉吳令一鳴重脩仍立石爲
主
國朝洪武三十一年圮于水三十三年主簿古彥粺
重建後神廚神庫宰牲亭齋戒所俱廢正德末年
因以西廒神廚宰牲諸所暫作教場嘉靖九年許
令仁始請于巡按御史處州施公山管屯僉事南
昌姜公儀復縣東舊教場地仍立華表於壇南宋欽
和間降壇式横列三壝門各四陛中立社稷東[illegible]雨
師西雷師總爲五壇高二尺五寸外爲燎瘞視壇

望北出

國朝壇式四方各二丈五尺取太社五丈而殺其半也高三尺出陛各三級壇下北深九丈五尺東西各五丈繚以周垣立四門路由北門入壇樹所爲主高二尺五寸方一尺埋於壇南正中去壇三尺五寸上露圓尖餘埋土中置神牌二題曰縣社之神縣稷之神以木爲之硃漆青字身高二尺二寸闊四寸五分厚九分座高四寸五分闊八寸五分厚四寸五分

山川壇

風雲雷雨山川壇宋無特祀

國朝洪武六年建于縣之龍濟橋南後圯于水三十三年主簿古彥輝重建歲久傾頹嘉靖九年許令

仁重脩立華表於壇南壇制與社稷同一壇三位中祀風雲雷雨之神左祀本縣境內山川之神右祀本縣城隍之神各位神牌與社稷同

邑厲壇

邑厲壇在縣北妙峯山麓南向洪武六年建十三年知縣王貞復拓而廣之壇前建亭一所壇之東立石刻欽祭文東有宰牲廚二間房一間後廢制宜立於城北若東門乃賓日迎春生養之方非厲鬼所安嘉靖十年令許仁遷之西北立華表於壇

鄉社壇

鄉社壇在各里圖依官視祀之日里老各率其鄉民以祭本里土穀之神洪武六年建後廢壇制周圍四丈高二尺壇下廣各三丈深四丈六尺繚以崇墉

城隍廟

城隍之神古無祀典惟吳越有之漢唐以來天下始爲通祀然其神有衣冠封爵或有姓氏幾涉於誕

國朝特重之其禮不褻其意又足以贊治所以爲祀典之正云

城隍廟在縣西宋舊址也紹定庚寅火于寇淳祐壬辰冬令黃之望移于縣中門之東

國朝洪武初因之宣德元年何令復遷舊址嘉靖元年胡令呈章重建正殿寢殿及兩廡規制完整洪武二年正月勅封縣城隍為監察司民顯祐伯三年詔改稱城隍之神以木為牌朱紅青字不用塑像悉去廟中閑雜神道廟宇如公廨設公座筆硯如守令俾之監察司民每歲春秋同祭于山川壇祭邑厲則迎神以主之

德化縣志卷之五終

學校

學校風化本源列於祀典失之泛列於廨署失之雜故特書之以見政教之角立俾良有司知所崇重云

儒學在縣治東橫寬一十七丈有奇直深六十一丈有奇先關羅漢寺故地爲之後移于東南隅之沙坂背巽面乾宋建炎間議者以爲弗稱南面之義乃復于故址淳熙紹定德祐三罹兵燹令顏德敏

鄭旦之梁宗高季元才林倚黃之望葉彥鄉胡應梅
吳一鳴翟彬簿李德仁相繼建脩元元貞中達魯
花赤千奴令沈思縕塑聖賢像建兩廡講堂至元
四年教諭林天資建學廳至正二十六年總管泉
州路推官蔡嗣宗建大成殿殿之前建戟門後建
尊德堂東偏建學堂齋舍規模粗備
國朝洪武三十三年知縣應復平丞余表簿古彥
輝大脩之自大成殿明倫堂以達於戟門櫺星門
廳舍齋廡神厨牲所規模宏壯逾舊制正統十三

年兵燹廨有孑遺景泰六年知縣胡昱重建大成
殿五年知縣李青建戟門及東西兩廡七年重建
明倫堂及東西兩齋天順二年塑聖賢像建訓導
宅五年就明倫堂之前鑿泮池成化十六年署縣
事泉州府知事狄鍾建儀門及學門仍捐貲易白
戸李春臨溪屋以廣之惟大成殿自宋元至今凡
三改作皆左學右廟弘治十七年知縣胡潛乃易
基重建左廟右學教諭李聰記嘉靖八年知縣許
仁即學宮後空地立射圃刱名宦鄉賢二祠復學

前臨溪地之侵于民者直深八丈八尺延袤一十五丈四尺今規制前臨通衢達于丁溪左爲廟廟外爲櫺星門門之東爲學倉北爲戟門門内廣庭高陛翼以兩廡中歷露臺始至大成殿殿後東偏爲射圃北上爲名宦鄉賢二祠右爲學南爲學門門之内爲泮池跨以石橋門之東爲饌堂西爲饌廚北爲儀門門下有二碑一爲季聰脩學記一爲輸財姓名記門之内爲二齋左爲育材右爲尊德餘爲齋房中爲甬道始上露臺登明倫堂祭器庫

教官廨守列于廟之後亦一方儒林之偉觀也季聰記治之所先在學校而學校之作新惟其人能作而新之可記也魯侯作泮宮詩人必侈諸歌頌千古一日德化學自宋元至我
朝兵火非一次賢令佐繼脩非一人科第華出間亦之焉亦一時文運之塞歲久寖壞弘治癸亥尹胡侯視篆之初莅學謁廟顧宮墻弗稱無以快其瞻惻人材不利慨然以作新為己任僉謀蓮幕鍾君道司訓陸君惠皆欲為所欲為共贊成之乃計公帑之餘以狀聞於當道允所請遂擇生徒林文等耆民林宗源等董其事鳩財庀工易文廟于左塑繪聖賢神像兩廡戟門櫺星門從而改置焉易明倫堂于右兩亭齋號膳堂橋門視舊制有加飾以丹堊翼翼然煥煥然露臺甬道甃以石繚以垣至於庖湢射圃祭器之類靡不更新經始於弘治甲子春落成於乙丑秋夫為政之趨向貴於所當先而急者使不知所務則所行皆未也今侯斷舉在一

轉移之間不惟聖賢神靈妥所棲而師生亦得從容於講受之地士因侯之所作新業其中日刮月磨各相淬礪竆之所讀者何書達之所施者何術占龍潯之神秀挹丁溪之漣清科第蟬聯以古人自期待景行先哲蘇伯承之賢林揚休之政不得專美於前矣此侯之所望於諸生者抑豈非諸生之所願學者哉侯名潛字孔昭績溪人

名宦鄉賢祠

名宦鄉賢二祠

國初以來無建嘉靖八年許令仁始請於提學副使台州高公賁亨毀折淫祠木植剏建于大成殿後左爲名宦祠右爲鄉賢祠各一座三間東西共立

兩廊守爲庫房一間前共六門樓一座四圍[illegible][illegible]

共五十六丈按察使晉江留君志淑記

名宦

宋

集賢院學士前德化縣尉陳公靖

國朝

文林郎德化縣知縣王公巽

按察使前德化縣知縣應公復平

文林郎德化縣知縣馮公翼

迪功郎德化縣縣丞余公表

監察御史前德化縣主簿古公彥輝

夫令者民之司命興理治平與君共之者也古
人有願爲守令者以其近民澤易下究故所居
民富所去見思生有榮號死見奉祀凛凛然德
讓君子之遺風矣德化爲縣建自五代後唐長
興三年歷官於此若令丞若簿尉非無遺愛在
人顧記乘失職使當日善政隕沒無聞惜哉予
因歷考群書得宋史循吏傳載集賢院學士陳
靖貫尉德化爲宋代循吏第一人復參諸宋郡
志大畧相同若本朝王令巽應令復平馮令鏜

余忝表古縣彥擇其遺風善政載之舊志故若
相傳學校稱揚賢公論不容泯焉者茲並祀之
夫何疑餘雖有官蹟可嘉然後公論久而自定
國不能盡祀焉昔召公循南國民愛其甘棠而
不忍傷羊叔子守襄陽民望其碑而墮淚朱邑
爲桐鄉吏民歲時祠祭不絶勒之竹帛垂之青
史千萬世猶一日也視夫貪酷暴虐民怨之入
骨髓曾未數年而身名俱泯者相去何如耶嗚
呼古今人同不同未可知也然後之視今猶今

之視昔凡吏兹土者其知所鑒也夫其知所鑒

也夫

鄉賢

五代

歸德場長顏公仁郁

宋

循州知州鄭公輪

轉運判官蘇公欽

贈朝請郎林公程

國朝

中憲大夫按察副使凌公輝

古人祭有道有德者於瞽宗又謂鄉先生没而祭于社則鄉賢之祀尚矣予志德化搜尋舊事遍閱群書歷考宋郡志縣故多賢惟林程以開丁溪功德没祀學宮歲久祠廢而縣志不載

國初以來徽音莫嗣嘉靖己丑許令仁始請于

提學高公剏鄉賢祠于學宮後東偏予為考論合祀者得宋知循州鄭輪轉運判官蘇欽贈朝請郎林程行事載之舊志是固無容議矣唯五代歸德場長顔仁郁則混于淫祠國朝按察副

使凌煇則尚孝越世乎故特表而出之夫顔當
五代政荒民散之時而能撫字其民俾不至流
離厥功懋哉凌破荒登甲科持憲有聲蓋修縣
志功亦不容泯也故予謂其卓卓然可入祀典
嗚呼是舉也其所關豈淺淺乎哉若盧陵有四
忠一節之祠父丞相公少嘗遊之而欣慕曰死
不俎豆其間非丈夫也厥後文公果以精忠大
節著于天下視前人尤有功非祠之所感而然
乎蓋古之化俗導民者非必其條教之詳法令

之嚴也蓋有陰感默誘神而化之使自趍之之道焉其在斯舉也夫德化山川如故風氣不殊何古今人不相及耶亦其世降俗流未有以感發興起之爾自玆以往安知不有瞻其祠論其世奮然於數百載之下亦思所以爼豆其間若文公之爲者乎

射圃

射圃舊在福寧道東即宋尉廳故地深三十丈廣八丈久廢嘉靖八年許令仁請于提學副使高公賁亨毀拆淫祠木植改建于儒學後東偏深十九丈五尺廣六丈中爲觀德堂一座五間前立門樓繚以周垣許自記盛世以禮爲治禮備治斯隆矣然禮有重而似輕若緩而寔宜急者禮射其一也曷爲重且急也成德敦化於茲乎繫故虞廷堲讒因侯以明殷學曰序明倫攸賴大射賓射行之於上而鄉射則行之於下君臣父子之鵠異取人別士之權懸蓋於焉以觀其德也故懸弧矢於男子始生之日載其說於儀禮戴記之中文義教於小子入學之初古道明於夫子傷

時之歎豈不以武備之設惟力是尚德化之崇禮交斯舉雍容揖遜於周旋升降之時不怨勝已者於下而立飲之際庠序之彥依稀乎克讓休風堵墻之觀駸駸乎見聞習熟於尚德之美上而備郊廟執事之選賓興之舉以之下而德教式成以周不遜之行則燕則譽無窮矣胡可厭忽其繁縟乎

昔元狄汚夏禮教斯隳我

高皇帝以武射平之既而育材則禮射是重命儒學悉建圃以習郁郁乎彬彬乎成周之制宛然復見豈顓以泝禮之大著之令甲而已哉

聖聖相承內安外攘之盛聲名文物之懿超越百王也閔宜德邑射圃久廢士志於材藝者罔攸於習尋茲學宮詢閱其地荐焉蕪茅亂蔭且缺周垣之界旋睥概焉乃芟乃薙乃築乃垣乃白大文宗赤城高公獲受成命爰撤淫祠式建觀德堂於其北以間計者三堂之東西各翼以屋其間一堂之前甃以臺臺之南爲甬路其廣踰丈其袤直抵橫道延至坤隅有門焉其楹則六其扁曰射圃也門

堂與壁黝堊隨宜北塹山麓西削岡屏東築脩廊
赤飾故址道旁植以杉松檜栢規模整整經始於
己丑季冬之望落成於庚寅春正之晦督是役者
阜民郭世端也又置器物適諸生之游息仁詰焉
偕署篆傅上蘭江童君璞閱之詔遐邇之民入觀
焉諸生陳禮樂之具習禮樂之比志必正體必直
引矢之持必審必固必期其中以成德行以敦禮
義之俗德人僻居深山性頗朴厚力本而輕逐末
庶近禮之本矣屢罹兵荒流亡之餘耕商其地者
寓民駔儈殆半焉俗漸流澆鬬很健訟禮射之教
宴容後乎嘗徵民庶之環侍者拭目飾文守嘉之
會須耳讚唱詩禮之和愛慕於中祇慄於貌有不
自知者何居蓋夫正直審固之德威儀端肅之則
觸其天也否則弦弧剡矢本治睽以威天下世泰
詩豐宴享哉然天理非外鑠也天下之道由於性
得之於心謂之德禮道有得則本然所得之天德
全也自然禮儀卒度而安矢發中的而雋成已感
人懿德之好夫人天機之自動乎諸生其毋忽之

其懋進之以仰副
聖朝建國養士之深意斯於身於鄉於天下之治豈曰小補之哉是爲記

紫陽行祠

紫陽行祠在縣治西嘉靖九年許令仁斥叢祠并復民之侵地刱之廣玖丈深二十二丈中爲正殿塑文公像後建講堂五間前後兩旁俱建書舍共拾間以爲生員有志會講者居焉知縣許仁牒儒學爲處置官旁租銀以作興學校廣育人材事照得新改天妃宮建紫陽書院其講堂兩旁俱有號房以居有志會講生員其門墻外舊有舖店六間當上市之會鍰之則縣小地窄難以容日繁交易之人存之

民捐官俸糧以資日聚志學之彦爲此本縣仍俟
民從照常起租每間年納租銀陸錢准居民張瓊
認等承佃年共計銀叁兩陸錢除嘉靖拾年下半
年若已收入公用外自後年分縣事叢集無暇及此
合牒儒學掌印官及時徵取以爲有志吾學生員
充紙筆油燭之用求爲定規庶幾市利以興人材
以盛一舉而兩得也卷查巡視學校事蒙
提學道副使高　准本縣申拆毀過淫祠若干座
及中林院等處祠堊雖毀各祠基地大小豁未差
人丈量估第租價任民認納共計若干銀合俟行
查明白續牒併徵以充前費及照歷代皆建書院
以明正學供置學田以養英俊此教化之攸寓政
體之宜崇者豈徒文具美觀而已乎要在着實舉
行不爲虛費牒到已後該學置簿用印逐一登記
收支數目以備查考師儒會講務期學明道立風
淳俗美人材思齊乎鄒魯曹彙進於
皇朝以樹鴻勳茂績豈不偉哉

丁溪書院

丁溪書院在縣治南後改爲公館嘉靖九年許令仁仍復爲書院

社學

家有塾黨有庠古之制也

國朝洪武初詔天下里社刱立社學正統以來

屢勅提學官及府州縣牧嚴加督課德化縣在

萬山中社學久廢嘉靖九年許令仁始請于提

學副使高公賁亨斥各里淫祠改爲社學十

一所今列于後

大卿社學在永豐里一座五間東西兩廊前三架廊

後空園一畝外門樓一座周圍有墻

濟山社學在永豐里英山村一座五間門樓一間

南洋社學在新化里南洋社中三間東西各三間門樓一座邊小屋三間周圍有墻

朱紫社學在清泰里一座三間前門東西廂房各一間周圍有墻

梅峯社學在楊梅中南陽村一座中一間東西各二間前堂一間周圍有墻

三峯社學在楊梅上下湧洋一座三間前門一間東西廂房各一間周圍有墻

桂林社學在東西團貴湖里一座三間東西廂房各一間前門一間周圍有墻

萬峯社學在湯泉上桂林坊一座一間東西廂房各一間門樓一間

伏虎社學在湯泉上二座三間

雲際社學在黃認團雲峯山下一座三間東西廂房各一間前門一座周圍有墻

登科社學在小尤中一座一間東有小廳西有講堂廳後房三間前有拱橋

德化縣志卷之六終

德化縣志第七卷

官制

七邑置令昉於宋太平興國間厥初命簿尉攝行縣事後數年始以眞令臨之中葉而後六邑皆京朝官選授德化以選人充儒學不設官然縣官兼提舉其元始設學官一員

國朝洪武初無劇簡皆具官永樂間以德化爲下縣裁減丞簿二員

宋

知縣事一員

主簿一員

尉一員

元

達魯花赤一員

縣尹一員

主簿一員

尉一員

儒學教諭一員

國朝

知縣一員正七品月支俸七石五斗本色二石二斗五升折色五石二斗五升柴薪皁隸四名每名辦銀一十二兩馬夫三十名弘治新例馬夫出銀四十兩官自買馬併養

縣丞一員

主簿一員俱永樂間裁革

典史一員未入流月支俸三石本色一石折色二石柴薪皁隸舊無續增一名辦銀一十二兩馬夫出銀四十兩

吏戶禮共司吏一名月支俸二石本色三斗折色一石七斗

兵刑工共司吏一名月支俸同上

六房典吏各一名 無俸

承發司典吏一名 無俸

鋪長一名 月支本色俸三斗

儒學

教諭一員 月支俸二石廩一石俱本色

訓導一員 月支俸廩與教諭同

廩膳生員二十名

增廣生員二十名

附學生員

司吏一名月支本色俸六斗

巡檢司

巡檢二員從九品月支俸

司吏二名

陰陽學訓術一員未入流不制祿

醫學訓科一員未入流不制祿

僧會司僧會一員未入流不制祿

道會司道會一員未入流不制祿

陰陽訓術以下俱久闕

官師表

古凡官寺廳事閒皆爲壁記題前人姓氏所以繫邦人之去思示後人之觀法德化縣令舊有題名記宋紹興十九年令林及爲之記劉文敏以下四十四人淳熙九年重立令呉一鳴爲之記林及以下三十八人歲久廳事輙罹兵燹姓氏幾於堙沒自後歷元以及

國朝闕此不立故歷官年月多無可考今者自宋建隆九年迄于今嘉靖九年者令若尉若學

官凡若干人並著諸表而繫以年缺其無可徵者若官績可嘉者別爲之傳云

宋		
知縣	主簿	縣尉
劉文敏 建隆元年任		陳靖 到任年月未詳 事實見宦蹟志
吳仁辯 開寶五年任		
王愈 天聖元年任		宋譚 將仕郎守尉兼主簿天聖元年任
趙稱 天聖七年任		
陳從愿 天聖八年任		蘇環 將仕郎守尉兼主簿天聖七年任
李檢 明道二年任		

黄鐇　景祐三年任
李思剛　景祐四年任
鮑安上　寶元二年任
李昭用　慶曆中任
溫宗質　皇祐元年任
劉誠　皇祐五年任
吳知章　至和三年任
常宗仁　嘉祐三年任
鮑朝儒　嘉祐五年任

杜公　景祐四年任

吳仲謨 嘉祐七年任

張皐 治平元年任

陳居方 熙寧元年任

徐伯琥 熙寧四年任

楊處愿 熙寧七年任

吳居倚 熙寧十年任

蕭諤

丘同 元豐元年任

李處道 元豐四年任

李顗 元豐七年任

祖謹脩 元祐三年任

周紞 元祐七年任

陸如岡 紹聖三年任

方安道 元符元年任

林天若 元符二年任

王恂 崇寧元年任

呂深 崇寧三年任

曹三錫 崇寧四年任

陳迪簡 建中靖國元年任

高締之 元祐六年任

徐膺 建中靖國元年任

吳銓 崇寧五年任		
陳與京 大觀元年任		
王交 政和元年任	蔡覺 政和四年任	劉陞 政和四年任
劉正 宣和三年任		
陳熊 宣和七年任		
胡禹 建炎三年任		
柯若提 建炎四年任		
高頏 紹興四年任		
馬陞 紹興七年任		曾貫 紹興辛未年任

段彥質 紹興十年任		
吳崇年 紹興十三年任		
葉琰 紹興十八年任		胡義問 紹興二十七一年任
林及 紹興二十年任		高敦實 紹興二十二年任
李則 紹興二十二年任		
楊烝 紹興二十五年任		郭桂 隆興元年任
蔣雝 紹興二十八年任		馬文仲 隆興元年任
李嵩 紹興三十一年任		李獻紹 乾道七年任
趙不琢 乾道元年任		

陳彭夫 乾祐二年任
陸洝 乾道六年任
謝之佺 乾道九年任
陳阜 淳熙元年任
林叔度 淳熙三年任
劉隆 淳熙五年任
顏敏德 淳熙七年任
鄭旦之 淳熙十一年任
梁京 淳熙十四年任

趙師虔 淳熙二年任
鄭輝 淳熙三年任
陳元通 淳熙五年任
黃宸
柯讜宗
蕭駱
陳玉

洪榜 乾道年任
陳登 淳熙三年任
方壽曾 淳熙間任
黃鐘

季元才 紹熙元年任	林尉	留儀
吳汝舟 紹熙四年任	舒德彰	黃麟
趙彥逵 紹熙五年任	葉莫	黃儼
林寅 慶元三年任	盧琳	張致中
葉益 慶元六年任	沈焯	陳光祖
趙彥廌 嘉泰甲子年任		蔡朝端
江應		趙公錢
季大器	薛復之 嘉定五年任	趙汝[illegible]
季端誼 嘉定六年任	林伯順	趙[illegible]徽

林季孫		林子賁	丘聞
陳際		林彥章	鄭勲
阜然			鄭瀛
林應龍		林洙 寶慶元年任	李修 嘉定癸酉年任
楊震孫		麥國用	差往湖南帥司[illegible]宜
謝適		楊冲	曾夢傳 嘉定甲戌年任
趙汝瑲		趙汝彰	吴利見
林倚		黃伯龢	阮亨譙
黃之望		王夢有	周武孫

葉彥琰
胡應梅
趙崇儷
黃忠叟淳祐四年任
康淵淳祐六年任
吳一鳴淳祐中任

趙梓卿
柳德驥嘉熙四年任

黃萬
潘逵
趙崇傷寶慶元年任
王震紹定庚寅年任
趙彥詠
趙珋夫
朱珪
陳子昂淳祐二年任
孫應鳳淳祐四年任

元達魯花赤	縣尹	主簿	縣尉
合只			
千奴		黃鑑	
八扎	張世英至元三年任	朱彰	
回回			夏昭
			王祐
阿里思蘭至元五年任			李知本
咱法兒沙至元六年任	翟彬至元二十三年任	李德仁至元二十三年任	王良質
萬家奴至元八年任		鄭宜將仕郎	余伯顏

烏馬兒大德六年任		潘麟趾	王佐
火庭任至大三年任進義校尉		朱箕大德六年任	張安仁
		沙的大德十年任	李子良
亦不剌金		胡汝楫至大四年任	
伯顏			
撒都魯丁		楊椿延祐四年任	
阿撒	朱沂		
塔出		方丨脫罕至治二年任	

迭里迷失天曆二年任	劉喜嘉	林從
剌馬丹至正九年任	卜弼	王佐
忙古歹	王輗	王珪
	王茂	林孔碩
	沈思縕	宋鑑
	徐耕孫	何揖
		趙煥文
	鄭世英至治二年任	方忙桓
	雷杭至正四年任	

李宗仁 至正九年任

國朝 知縣	縣丞	主簿	典史
王巽 洪武六年任見官蹟志		尹子文 洪武年任	
王貞 洪武九年任	袁伏輕 洪武十年任		
劉德善 洪武十九年任	劉宗 洪武十九年任	戴景宗 洪武三十年任	
石德讓 洪武二十二年任	王用名		
馮翼 洪武二十六年任見官蹟志	余表 洪武二十八年任見官蹟志	古彥輝 洪武二十六年任見官蹟志	
應復平 洪武三十五年			藍禮淵 洪武三十年任

任見官蹟志

孫應辰 永樂三年任

李勉 永樂七年任

劉謐 永樂十一年任

孔宗嗣 永樂十七年任

何復 宣德元年任 見官蹟志

陳宗全 宣德十年任 見官蹟志

陳昱

李青 天順元年任

周轍

袁禮 永樂四年任

以後丞簿裁減

陳靈威 永樂十四年任

梁區堡 永樂十七年任

李昌 洪熙元年任

張巖 宣德年任

王志安 正統二年任

方祖

王彤　成化元年任
曾昌　成化四年任
丘泰　成化十五年任
蕭鏞　成化十六年任
戴元脩　成化
許彧　弘治元年任
鄭浩　弘治三年任
王翼　弘治　年任
黎獻　弘治四年任

李貴　天順　年任
李信
湯淳　成化年間任
呂信
李勝　成化八年任
陳寧　成化十四年任
費瑋
張岩
劉諤　弘治三年任

楊澄　弘治九年任	趙信
任順　弘治十二年任	林文
胡潛　弘治十七年任	趙泰　弘治十一年任
王裕　正德二年任	鄧通　弘治十五年任
倫彝　正德四年任	鍾道　弘治十七年任
周寰　正德九年任	張卓　正德三年任
張綬　正德十年任	塗璽　正德六年任
時行　正德十四年任	蔡蟠　正德十四年任
[illegible]王章　正德十六年任	

梅蓑 嘉靖二年任
何士鳳 嘉靖五年任
許仁 嘉靖八年任
劉裳 嘉靖十年任
劉冕 嘉靖十二年任

鍾錦 嘉靖二年任
萬元達 嘉靖七年任
詹權 嘉靖十年任
葉範 嘉靖十一年任

儒學

教諭

吳仲賢 洪武三十二年任留甲戌科進士初為新城令坐事謫岳州拔任德化教諭

潘同 洪武三十三年任歷陞四川參議

謝源 洪武間任

龍澄 洪武間任

潘吉 洪武間任

訓導

董許 洪武間任

鄭士良 洪武間任

童添 永樂間任

程顥

佘宗衍 宣德七年任

涂亨

包溥

潘嵩

范宗道 永樂間任　李紘
趙琬
劉偉
姚玉
朱希亮
董許 正統三年任縣志作訓導
陳愷 弘治四年任

王福
郭琥 弘治十五年任
李聰 弘治十八年任
饒自成 正德二年任見宦蹟志
陳驥 正德九年任
梁京 嘉靖二年任
唐卿 嘉靖五年任
葉相 嘉靖八年任

包麟 弘治十四年任
陸惠 弘治十七年任
滕希賢 正德五年任
潘祥 正德十年任
羅俊 嘉靖三年任
李輔 嘉靖五年任

黃輿 嘉靖九年任

張泮 嘉靖十三年任

官蹟

德化在五代前未以縣名故官蹟莫之能究歷宋以來令佐非無蹟用懋著者又復記乘失職後人莫傳予因爲編閱宋史及宋郡志得陳靖一人而已若本朝令佐去今百餘年者風愛猶在觀記之間詢之故老訪之學校稽之舊志復得數人焉竊爲之傳而援其功德尤著者祀之名宦祠嗚呼遺愛所在囯邦人之求思而典刑攸存實有位者之具瞻也可不慎哉

宋

陳靖莆田人初與黄觀請兵于漕版授泉州德化縣尉叅議軍事賊平以前資官例赴闕補許州陽翟縣主簿累遷江南轉運使江南自李氏橫賦於民凡十七事號曰沿納靖極論之詔罷其尤者數事歷事三朝以秘書監致仕有經國集十卷勸農奏議三卷熙寧元年諫官以勸農奏議上下篇奏聞詔藏中書後復索經國集進呈特贈左僕射宋郡志

陳讜字道卿興化軍莆田人好學頗通古今父仁壁

仁成以茂進爲泉州別駕以進稱巨豪猾有負險爲
亂者時從步謁轉運使楊克巽陳討賊策召還遷授
楊翟縣主簿契丹犯邊王師數不利請遣從子上
書求入奏機畧詔就閤之上五策曰明賞罰撫士
衆持重示弱待利而舉帥府許自辟士而將帥得
專制境外太宗異之授將作監丞未幾爲御史推
勘官時御試進士多擢文先就者爲高等士皆習
浮華尚敏速請以文付考官第甲乙俟唱名或
果知名士即置上科丧父起復秘書丞直史館判

三司開折司淳化四年使高麗還提點在京百司遷太常博士太宗務興農事詔有司議均田法請議曰法未易遽行也宜先命大臣或三司使爲租庸使或兼屯田制置仍擇三司判官選通知民事者二人爲之二兩京東西千里檢責荒地及逃民産籍之募耕作賜耕者室廬牛犂種食不足則給以庫錢別其課爲十分責州縣勸課給印紙書之分殿最爲三等凡縣管壁田一歲得課三分二歲六分三歲九分爲下最一歲四分二歲七分三歲

至二十分爲中最一歲五分者及三歲盈十分者爲
上最若有最者令佐免選或超資殿者即增選降資
每州通以諸縣田爲十分視殿最行賞罰候數歲
盡罷官屯田悉用賦民然後量人授田度地均歲
約井田之制爲定以法顧行四方不過如此矣太
宗語呂端曰朕欲復井田顧未能也靖此策合朕
意詔召見賜食遣之他日帝又語端曰靖說雖是
第田未必墾課未必入請下三司雜議於是詔鹽
鐵使陳恕等各選判官二人與靖議以靖爲京西

勸農使命大理寺丞皇甫選光祿寺丞何亮副之選等言其功難成帝猶謂不然既而請欲假緡錢二萬試行之陳恕等言錢一出後不能償則民受害矣帝以群議終不同始罷之出靖知婺州再遷尚書刑部員外郎眞宗即位復列前所論勸農事又言國家禦戎西北而仰東南東南食不足則誤國大計請自東西及河北諸州大行勸農之法以殿最州縣官吏歲可省江淮漕百餘萬復詔請條上之靖請刺史行春縣令勸耕孝悌力田者賜爵

置五保以檢察姦盜隸游惰之民以供役作又下
三司議皆不果行歷度支判官爲京畿均田使出
爲淮南轉運副使兼發運司公事徙河南轉運使
極論前李氏橫賦於民凡十七事詔爲罷其尤甚
者徙知潭州歷度支鹽鐵判官祀汾陰爲行在三
司判官又歷京西京東轉運使知泉蘇越三州累
遷太常少卿進太僕卿集賢院學士知建州徙泉
州拜左諫議大夫初靖與丁謂善謂貶黨人皆逐
去提點刑獄侍御史王耿乃言靖老疾不宜久爲

鄉里官於是以祕書監致仕卒靖平生多建畫而於農事尤詳嘗取淳化咸平以來所陳表章目曰勸農奏議錄上之宋史循吏傳

國朝

王巽忘其系出洪武元年知縣時承元兵亂之後公私彫敝規制草創巽至慨然以起廢爲己任首學宮以右文教脩縣署以肅民瞻建壇壝以嚴祀事役民不勞費財不傷三年之間政平俗化人忘改革議者以爲大統初集巽得安靜盡一之體

王貞浙之永嘉人洪武九年知縣謹身帥先一曰如水視民如撫嬰孺待士如接賓客一時風化淳穆邑中翕然好娛情山水之間公餘援琴賦詩悠然自得人以爲有宓子賤之風

馮翼山東德平人洪武二十六年知縣性倜儻平易與民煦煦然民爲洪武九年叅籍留守衛及二十年抽充永寧衛防倭逃亡者過半田業荒蕪糧額懸戶不可豁往往責民賠之民用困窮翼下車首詢民隱嘆曰嗟乎瘡痍不瘳何以施粱肉哉據白

軍餉無所給恐得罪翼不聽即以狀聞
太祖嘉納特下詔蠲其額數民至于今受其賜
應履平浙江奉化人洪武末年知縣為政廉謹平恕
是時文運未開科第落莫履平乃益勸勵士有向
學者輒奬優不倦自後邑之人士多登科者考最
遷吏部郎中歷官按察使
何復河南柘縣人宣德元年知縣邑自履平之後代
匪其人凡百廢墜復至循厚經理未幾年百廢俱
興民不知勞政尚簡易廉平正大為當道敬重

陳宗仁廣東人宣德十年知縣明恕廉介立綱紀以新民聽先教化而後刑罰未幾年邑中大治

余表廣東化州人洪武三十三年承奉職廉慎撫字有方役均訟簡民咸戴之卒于官郡守胡㬆遣祭以旌其廉

古彥輝廣東長樂人洪武二十六年主簿性敏而果習吏事識大體不尚苛察勸課農桑凡有出令民爭相勸洪武三十一年溪流暴漲民居蕩圮之後弗遑寧處公撫之民忘其災初下車視黌宮廨署

規制湫隘以爲長佐之羞相地之宜鳩工度財廣而新之至於橋梁樹木道路之屬莫不綜理九年秩滿民欲赴闕奏留之會監司保任擢監察御史

李青廣東石城人天順六年知縣政平恕人目以李佛子公餘襪履巡行郊野農事不勸者召而諭之朔望入學宫孜孜爲師生講論終日無惰容百廢俱興九年民脩其業士脩其學邑大治秩滿當去民奔告當道借留再任三年

楊澄浙江武義人識達大體愼重莊嚴爲政三年民

無私議者

任順，常熟人，性果斷，多才能，每編賦稅徭役，命下民執稱便。民有曾經者，好告訐，號鵰兒，素爲民患，公化之以德，久不悛，乃寘之罪，惻然遣之曰：「爾何不爲嘉禾而爲稂莠乎！」自是純用德教，獄空虛。

胡濬，績溪人，居官三年，以廉潔自持，水利、橋梁、廨署當修葺者，恒割俸以助民力，訟者使自化，鞭扑不施，老逮繫不加，貧以奔喪去，民相弔如失父母。

教諭饒自成，廣昌人，宗執方正，守性儉約，誨諸生如

已子貧者恤之捐俸修理祭器志尚清雅當道嘆

服

德化縣志第八卷

宋科目年表

宋世科目有進士有特奏名有上舍釋褐有武舉有童子科德化應舉惟進士特奏爲盛今傚司馬遷史記爲編年法畢科以年著人以科顯至其終身履歷則見于人物志所不知者姑缺焉不敢強爲之說也

		進士	特奏	釋褐	武舉	童子科
政和二年壬辰	莫儔榜		蘇祥			

政和八年戊戌	嘉王榜	林揚休				
宣和六年甲辰	沈晦榜	蘇欽				
紹興十二年壬戌	陳誠之榜		郭體			
			林榕			
紹興二十七年丁丑	王十朋榜				吳異	
紹興三十年庚辰	梁克家榜		章竑			
紹興三十三年癸未				蘇總龜		
淳熙二年乙未	詹騤榜		吳欽若			
淳熙五年戊戌	姚穎榜	陳建傑				

淳熙八年辛丑	黄由榜		蔣勵			
淳熙十一年甲辰	衛經榜	蘇權				
		欽之孫再世居仙遊				
		歷知雷新封辰四州				
淳熙十四年丁未	王容榜	林洽				
		揚休孫見人物志				
慶元二年丙戌		林瀛	楊要			
慶元五年己丑	曾從龍榜	洽弟見人物志	黄奎			
慶元七年辛卯						張可封

字必萬楊梅中人諮免文解一次府志誤作永春人

嘉泰二年壬戌

傅行簡榜

黃龜朋

奎姪歷梧州推官撫州教授見府人物志

鄭輪

嘉泰四年甲子

蔣明紀

字綱齋上雍人七歲

能誦詩說經撰大衍數工五言七言詩詞免文解二次氣象閑雅精神俊異朝縉紳重之

年份	榜	人名	人名
嘉定元年戊辰	鄭自成榜		林鸞
			滕州推官
嘉定七年甲戌	袁甫榜	黃霆發	
寶慶二年丙戌	王會龍榜	徐雷開	陳言

蘇國蘭 舊府志作陳震

居仙遊

紹定二年己丑 黃朴榜 陳霆震 陳雷煥 府志作安溪人查安溪志無載恐府志誤也

端平二年乙未 吳叔告榜 吳桂

嘉熙二年戊戌 周坦榜 林裴

淳祐二年甲辰 留慶炎榜 鄭軫 輪弟

淳祐七年丁未榜

張淵徵

林汝作

内舍源執簿

國朝科目年表

國朝取士三年一舉中式者謂鄉貢由鄉貢而試禮部中式者御策之謂之進士賜及第出身有差餘則謂之歲貢每歲行之德化進士鄉貢在國初代不乏人近雖落莫豈氣數文運通塞有時也耶嗚呼作興之機在上而不在下是深有望於今日之賢有司云

進士	舉人	歲貢

洪武八年			陳榮 府軍衛知事
洪武十三年			林茂 儋州知州
洪武十五年			蔣德高 錦衣衛倉官
洪武十七年			鄭慶 郴城教諭
洪武十八年			鄭環慶 鉛山知縣
洪武二十年			莊進 太倉經歷
洪武二十二年			鄭肅 衛經歷
洪武二十五年			劉德進
洪武二十六年			陳敞

洪武二十七年			劉公孫
洪武二十九年			蔣雲
洪武三十一年			鄭緣
洪武三十三年			陳福
永樂元年		凌輝	李玆
永樂三年乙酉			林蓊主簿
永樂四年			鄭昭連城主簿
永樂六年			陳公壽安仁主簿
永樂八年			張才

永樂十年壬辰	凌輝 見人物志		李蔭 主簿
永樂十二年甲午		蔣膺	陳伯昌
永樂十四年			
永樂十六年			張怡
永樂十八年庚子		曾灝	蔣迪
永樂十九年			林盛
永樂二十年			李禎 遂昌主簿
永樂二十二年			歐陽仲
宣德元年			梁義

宣德三年		陳銳縣丞
宣德四年己酉	余英	賴祿南昌通判
宣德六年		張善府照磨
宣德七年		
宣德八年		張源
正統元年		林錫府照磨
正統三年		趙瓊知縣
正統五年		李廷憲醴陵知縣
正統七年		留宗清

正統八年			張隆
正統九年			范傑 教諭
正統十年			張懋
正統十一年			林泉 州判
正統十三年			蔣文保 衛經歷
正統十四年			陳善
景泰二年辛未			李遇春 州同知
景泰四年癸酉			連成 新建主簿
景泰六年乙亥			蕭紹

天順元年丁丑			顔眞 [illegible]
天順三年			賴興 增城縣丞
天順五年			連碧 博羅主簿
天順七年			陳治 星子主簿
成化元年			張絢
成化三年			林敬 廣州府照磨
成化五年			陳旭
成化八年			李勝 按察照磨
成化九年			林洪 新城知縣

成化十年			留雝
成化十三年		楊澄	留成 曲江知縣
成化十四年			林新
成化十六年			陳佐 德慶州同知
成化十八年		林潤 永福知縣	黃廷魁 吉豐訓導
成化二十年			張崇
成化二十二年丙午			陳灝 從化訓導
弘治二年			張亮 兩淮經歷
弘治三年			陳瑀

弘治四年			林俊
弘治六年			涂福
弘治七年		林真	范克仁 劍州吏目
弘治十年			陳文 江山教諭
弘治十二年			劉鴻 陽春訓導
弘治十四年			陳軒 靖州訓導
弘治十六年			張石璘
弘治十八年			曾瑞
正德二年			林文

正德四年			黃球 訓導
正德六年			林揆
正德八年			林清 通州訓導陞峽江教諭
正德十年			范克智
正德十二年			鄭介石
正德十四年己卯			莊憲
正德十五年庚辰			黃天錫 會同訓導
正德十六年辛巳			楊登玉 南安府學訓導
嘉靖元年壬午			曾光 侯門教讀

嘉靖三年甲申	嘉靖五年丙戌	嘉靖七年戊子	嘉靖九年庚寅
陳中立	連良	林賢	王甫政錢塘訓導

薦舉

薦舉之法即古鄉舉里選之餘也國初科貢之外間舉行之故德化人士往往亦有由是而出者後廢薦舉取士局於科貢至注官又專重進士科殊失祖宗立賢無方之意近奉明詔其畧有云舉人無九卿之望歲貢無方面之陞田野絕薦舉之路吏禮二部考求祖宗以來舊典務要科舉歲貢薦舉之途並舉

士遭逢其時安知不有應詔而興者乎

國初

蕭伯起　字原高東西園人以孝廉舉授江西新喻縣丞

李宗厚　字定夫揚梅中人以明經舉授浙江麗水縣丞

賴以仁　字本德下湧園人以明經舉授山東沂水縣丞

黄震　字雷達清泰里人以明經舉授湖廣太盈倉副使陞江西新喻知縣

張賢　字希哲湯泉上人以人材舉授廣東登邁縣主簿

涂宗仁　字清源小尤中人以人材舉授四川清寧縣主簿後調廣西平樂縣

人物

揔之堅以人其來尚矣于志德化人物出於科目者旣列之年表拔其行業尤著者復祀之鄉賢然有下僚末綴而風蹟不減宦達者有窮不得位而文行超於科級者是豈容以湮沒乎哉若夫孝行貞烈尤關風化茲竝爲之傳所以發揚徽音表式鄉人云

良吏

五代

顔仁郁字文傑歸化里人五代時爲歸德場長號顔長官時政荒民散長官撫之一年繈負至二年田萊闢三年民用足有詩百篇傳於民間號顔長官詩其詩有農桑朱門客路邊庭城中貧女負薪空門山居漁家十門每門爲詩十首七言四句宛轉回曲歷道人情至今邑人途歌而巷唱之諭農詩一首云夜半呼兒趁曉耕羸牛無力漸艱行時人不識農家苦將謂田中穀自生山居詩二首栢樹松陰覆竹齋罷燒藥竈縱高懷世間應少山間景

雲遶青松竹遶蹊又云樹暗花明路自分白雲深

處是縣門傍人莫怪山間靜藥滿甕瓶酒滿樽當

長官在時家肖像以事既沒立廟尸而祝之賜額

忠應侯

宋

鄭輪字景行歸化里人登嘉泰壬戌進士尉保昌獲

强盜不肯論賞曰人命可易官乎為龍南令邑上

鄉鄰山峒民舊不輸租一日數十輩以長鎗挈錢

而至吏驚怪詰之曰聞有好長官願為王民秩終

民愛之遮送不得去知南城縣會盜發江閩盱江諸邑擾動輪悉意摩拊無一人附賊者甫代去而邑被兵人謂行善之報歷廣東運司主管文字辟知循州卒輪篤困自律以廉終身

蘇欽字伯承善均里人登政和甲辰進士除江西帥屬贛卒叛爲帥漕畫策平之知巴州舊例有脚乘錢三千緡公曰未能補公家豈敢費私帑悉以代民輸賦移閬州首陳州之利病六事復却例錢互送錢諸司以治最薦得旨再任未幾除利州路轉

遷判官又條時政五事上之卒于成都慶元間編
修高宗實錄索公行狀家集奏狀幷御筆上之
林洽字濟叔楊梅中人事親盡孝人士稱之淳熙十
四年第進士有文名知福州閩縣政尚廉勤通判
鎮江府未上卒弟瀛
瀛字廣叔慶元二年以明經第進士嘗知筦州東莞
以政績最諸邑使者薦召除監左藏庫遷國子監
簿知汀州卒

國朝

凌輝字邦輝楊梅上人幼穎悟過人登永樂壬辰進士任廣東道監察御史尋以風采改河南道立身端謹持憲有聲擢江西按察副使儆官邪明憲度振飭風紀安民正俗勉效勞勩兩膺誥勑之錫居鄉多善行纂修縣志國朝邑登第自輝始

儒術

宋

張元德湯泉上人長於易以六十四卦再重為易書

繇彖大小象爻辭繫辭說卦雜卦皆具自作筮法以土作地盤匏爲天體中刻木八面畫八卦初撼得之爲下卦再撼爲上卦視其爻辭以斷吉凶頗有驗者

蘇總龜字待問欽之從姪居太學紹興十六年試中上舍優等第一孝宗登極恩賜釋褐登第授衡州教授累遷參淮東議幕歸再奉祠有論語解大學儒行篇詩文雜著藏于家

黃龜朋字益甫圭之姪由科第除廣東潮陽縣簿歷

梧州推官廉州教授所著有周易解若干卷

陳文叔字元彬清泰里人博覽洽聞文詞蔚贍名冠太學中上舍優等後學宗師之有西笑遺筆人多傳誦未祿而卒

張應辰字紹卿該通經史負笈者不遠數百里而來有禮記解雜著若干篇藏于家一時名流進士黃霆發徐雷開林汝作鄭起東皆出其門

鄭起東字子震入太學為文人明經鄉校師範蔚然諸生有以計傚著文之波也時論高之

宋

隱逸

貲公懋靈化里人三舍法行升于州公懋一不喜王氏三經字說退而隱居于里讀書著文有和秦隱君詩百篇不娶食於從弟自知死日時至期盥櫛衣服遣使謝其從弟而逝

林程楊梅中人廣收圖史命閣曰醉經堂曰教義延宿儒合族子弟廪而誨之先是耆舊相傳有識水畫丁羅簪纓程乃捐家貲買邑前瀕溪隙地具畚

錚開濬一夕天大雷雨溪岸決溢流成丁字未幾子揚休以上舍擢政和八年進士第邑舉進士自揚休始時吳公達老賀以詩有水流丁字通地脉人從甲第破天荒之句程没立祠學宮以子官贈朝請郎孫洽瀛繼登第

鄭師孟字醇仲操履端莊學問純正窓几間書聖賢格言以自警睦族賙鄉事親教子咸可爲鄉人師法三世同居不求聞達

孝行

宋

張興渭楊梅上蒲澤人也天性至孝淳祐六年母楊氏病篤百藥罔痊興渭思無所措乃籲天割股雜粥以進母病立愈里閭聞縣縣為立旌孝坊以表之

貞烈

宋

陳得琛妻黃氏名桃娘清泰里人姿顏淑媛年二十六適得琛期年得琛服役卒于外訃至黃氏慟哭但絕既殯誓無獨生母憐其嫁不久且無子將昇

歸改圖之黃度不能免一日托以澣衣出門前溪畔視水清瑩澄澈乃嘆曰吾心亦若是水但恐爲泥淖所濁今日得死所矣遂投之鄉人莫不爲之流涕

劉惟義妻蔣氏蔣三慶之女也名九娘年十八歸惟義二十四而惟義卒時二子在沖幼家且貧蔣恐饑寒紡績奉養舅姑撫二幼兒長皆成立舅姑没喪葬懸合禮節孀居三十九年終始一節云

曾阿原妻張氏名珠娘年二十有一生子儀甫數

而天沒家富田廬宗人之强者剝其他適而圖之張攜儀肩泣而誓之曰天若不墮吾爾宗爾逮長大發之志不二天地鬼神實鑒臨之儀甫八九歲延名師教之遣入邑庠不幸年二十四亦沒張號天曰天何酷罰若是哉遂擇姪恕子之恩撫無間人不知其爲姪也

簪纓盛事

德化於泉爲下邑然崇岡層巒澄江晴溪之勝帶環戟列雖無南金象犀石英鍾乳丹砂之珍鍾而爲人固宜其有魁傑頴特之士生于其間爲宋一時簪纓之盛入

國朝來風聲氣習漸落于故豈山川之氣之流行有時而塞耶抑爲民牧者不能振其流風餘韻以鼓動之耶嗚呼斡氣數而回風化任是責者吾將誰歸

五世簪纓

蘇欽 閩州轉運　洸 登老欽之子雷州封州辰州知州

總龜 欽從姪淮東參議　權 元中洸之子餘干縣令

熹 師晦權之子長樂縣令　國蘭 君佩欽之孫羅源縣令

稟 欽之曾孫陽春縣令

四世簪纓

林揚休 福建參議　興宗 季文揚休之子錢塘縣令

洽 濟叔興宗之子鎮江府通判　瀛 廣叔洽之弟汀州府知府

延賞 洽之子部州監務　士英 瀛之子臨江法曹

祖孫登第

林揚休 洽 瀛

蘇欽 權 國蘭

兄弟登第

林洽 瀛

叔姪齊名

蘇欽 及第 總龜 釋褐第一

古蹟

古今代謝天地間猶旦暮也故墟陁隴野草寒煙過者徘徊周覽欲去而復返豈徒興廢存亡足以感人抑亦因年而得以考其是非得失之故也德化幽僻窮谷雖乏名勝而遺蹟猶執有關記念者不敢不為邑人存之

令廳在縣治東南沙坂宋建炎三年以縣不滿萬戶罷令廳為民廬

簿廳在縣西偏趙師雯重立先是中堂之側有篆書忠信篤敬四字筆畫精古紹興十一年簿黄廷瑞再加脩飾徙揭廳事之上令陳阜鋟之板東偏有三友堂

尉廳在縣治東三百餘步慶元三年趙汝邕重建前西偏爲講武亭太平興國間建坐南向北嘉熙間縣令以射主山爲嫌移基于北淳祐七年尉孫應鳳重架仍舊址東爲甲仗庫東偏爲雙瑞亭有池可一二畝憑水爲閣尉洪格記

春波樓在縣治南宋宣和間令陳能建前瞰清流揖
諸峯淳熙丁酉火令趙彥重建淳祐丙午尉孫應
鳳為門以翼之
稅課局在縣治東宋時為稅務建炎四年以東西不
滿六十里罷之
國朝洪武三十一年圯于水永樂六年大使趙彥罡
重建正廳正統元年為課鈔不及額數革罷
芉林倉在湯泉嘉熙間令吳一鳴重建距縣七十里
地遠民艱於輸送歲委佐官受輸因其米給鋪兵

及三縣寨糧今廢爲民居
宣化門在縣東龍潯山麓覲宸門在縣西登高山麓和
平門在縣譙樓前風虎門在化龍橋北
龍潯驛在縣西坊隅嘉定間令李端誼重建今改爲
儒學
上壅驛在縣西北東西團距縣六十里宋初建元革
罷今故址猶存
朝天亭在覲宸門外
迎詔亭在化龍橋旁

接官亭在靈化里
石山鋪縣西北取丘店鋪二十里
丘店鋪縣西北取赤水鋪二十里三縣寨在焉
赤水鋪在十八都西北取半林鋪二十里又一路至
銀塲坑路口斜出五十里至尤溪縣界
半林鋪在湯泉上西北至湯頭鋪二十里
湯頭鋪在下湧團西北至湯尾鋪二十里
湯尾鋪在湯泉下西北至中腰鋪二十里
中腰鋪在湯泉下宋以上七鋪宋時兵有年糧俱就半林倉支給

東西團巡檢司在縣西北東西團元時設國朝洪武
初因之二十年江夏侯周德興徙置于同安縣之
官澳其故址今爲預備西倉
清泰里巡檢司在縣東北清泰里元時設國朝洪武
初因之二十年江夏侯周德興徙置于惠安縣之
黄崎村其故址今爲屯倉
小尤巡檢司在縣西北小尤中元時設國朝洪武初
因之十二年革罷舊址尚存
楊梅團巡檢司在縣北楊梅上元時設國朝洪武初

因之十二年華罷舊址尚存

南塔在靈化里程田寺側舊高數丈夜嘗有光後頹得碎支佛骨佛牙舍利於其頂後移建於佛殿之東增爲七級高七尋以牙骨藏之其光不絕古諺云東塔團西塔團代代出狀元

西塔在縣西登高山之側尉孫應鳳詩憶昨慈恩頂上行今朝雙眼又增明簷牙高逼銀河浪鐸手常搖玉佩聲鳳翥散光無障碍龍湧有角更崢嶸奮身直向蓬萊去一片香雲足下生

上莊雙塔在縣西北東西團舊屬尤溪爲閩王後割

屬德化環里皆山中有平田十里許初有謠語云行到尤溪上壅鄉東西立塔疋財糧三百年中稱德化西北定架狀元坊邑人徐子陵者因倡爲二塔扁曰魁星應謠語也官講李桂高詩一水中流分兩塔朋山直上第三層台星到處魁星見盛事相期梁與曾

古墳

賢其人者於其所止舍而興思焉況體魄衣冠之藏乎此翁仲子所以立雨披煙殘欲遐想遺風而長夜不可旦趙文子雍門之徒所以感歎悲哀而不能已良以此夫予故獵往代采近時以著于篇

泉州馬家墓在新化里丘店村載見地理全書不知何代人俗謂之馬王塚嶺上有石廣丈餘墓之主龍自嶺而去後人於嶺上石鑿龍嶺二大字

曾丞相祖墓在新化里石山溪宋丞相曾公亮之祖

時丞相來祭掃宿路旁山庵遂名相安寺

寺廟

昔吾泉自五代之時僞閩扇源留陳鼓波佞佛
禨鬼醞釀成俗故華剎淫祠妖僧野覡山陬海
湄無處無之宋舊志所載德化五鄉寺占五十
一所按宋志淨居天宫螺峯三際儀林五華中
興龍安七院在永豐里陳平相安二院在
新化里清平靈福戴雲在雲峯里羅漢程田千
福普光四院在靈化里大興大雲皈明翠峯觀
音塔頭六院在歸化里洪聖東林長慶三院在
惠民里長興潙山二院在安仁里慶樂龍興香
巖長興寶積五院在嵩平里尊勝院在清泰里
乾福院在善均里雲峯皈聖二院在小尤團小
三峯院在中團興龍資化小中峯禪林雲峯五
院在黃認團法林卧龍二院在東團地藏建興

二院在西團大三峯院在下壅香林院在楊梅
上天王院在中團大中峯院在下團湯坑法林
卧龍地藏西院在湯泉下

廟占九所

威惠廟靈濟廟在縣西三十里英顯廟在半林
鋪顯應廟在嵩平里困山廟在縣西小尤廟在
小尤園孔太尉廟在嵩平里喬將廟在新化里

逮入
國朝百六十禩存者十一蓋久然後反於正也
省蠹民財幸矣餘根不鋤而更錄之將以徵至
變於他日

寺

靈田寺在靈化里五代時邑人程國知者施田建寺

因以名焉

戴雲寺在新化里宋端拱二年僧懷整建

儀林寺在永豐里後唐長興元年僧行豐建今廢宋主簿黃圭詩公餘適興訪儀林休聽青蛙說雨深翠竹黃花新般若青山綠水舊知音禪朋蘇晉點相契酒眷淵明醉亦斟此去雲峯應不遠乞容杖屨謾相尋

相安寺在新化里宋丞相魯曾公亮曾留宿於此故名

龍湖寺在新化里在大湖山多異花奇木靈跡勝境

獅子巖在湯泉上團山多喬木境幽絕可愛與尤溪爲界

五華寺在永豐里五華山唐咸通間僧無晦建菴因坐逝邑人遂創寺塑其眞身事之

中興寺在永豐里南唐中僧行郊建留鄂公因名其寺

香林寺在楊梅上五代末僧守珍建于本團湖山之北宋天聖元年僧了他移建于西林二年賜額香林宣德元年邑人凌貞等募衆重修

雲峯寺在小尤中團

禪林寺在黃認團

廟

東嶽廟在龍潯山麓宋嘉熙己亥建歲久傾頹

國朝宣德間何令復重新知縣許仁中改為陰陽學醫學惠民藥局案卷具存

忠應廟在歸化里即顏長官祠乾道三年賜額忠應侯淳祐二年加孚祐誥詞云德化泉之屬邑爾神嘗爲長於斯生愛其民沒而福之宜也然天時水旱蟲蝗疫癘吏嘗請于神而得其欲則吏之昏懦貪墨以害吾民而有司不能舉者神豈得不疾去之以稱吾意乎翊衛二神一姓莊諱賦桃源人侍

郎莊公夏之祖俗傳顏侯爲長時賦左右之紹定間以驅寇功封協祐侯沒以侑祀一姓鄭諱昭祖邑人初祖仁質與顏侯繼爲長官終郡司馬里人祔祀之昭祖有惠愛其鄉且嘗倡建顏廟衆爲立祠于忠應之側請于朝封翊順侯縣令陳居方爲之記畧曰于時偕據瓜剖豆分惟神忠義凜凜知天命在宋力勸閩王上圖民無干戈之擾生聚晏然其氣節尤爲昭著不特肹蠁有靈而已故表而出之

英顯廟在湯泉上園神諱謨列宋紹定三年以扞汀寇功賜今額

小尤廟在小尤上圖二神一姓章一姓林唐末人避黃巢之亂居于此沒而有靈鄉人立祠奉之慶寶汀寇自尤嶺而來忽皆遁去若有驅之者人以爲神之功

高僧羽士

緇黃之教蠹民害道而吾邦櫛比其廬蠹害尤甚舊多寓名志中削之可也然自古固有豪偉聰明之士而遁形者亦有善持戒律而志可取者歐陽子所以不之禁而又俎豆之焉乃若跌化飛昇離凡入獨則非所以爲訓予存一二特爲世指迷途云

高僧

祖膊和尚名知亮不知何許人唐時始居府城開元東律菴恒袒一膊行乞於市祈寒霜雪中猶然故號爲袒膊以戴雲山幽絶可廬遂居焉不火食者累月有詩云戴雲山頂白雲齊登頂亦知世界低異草奇花人不識一池分作九條溪宋大中十二年逝陳叔幾舊名則孟參亮謂曰爾改名研籍永春當得第叔幾如其名果登第今戴雲寺祖膊眞身猶存

行端姓陳氏唐天祐間脩行程田寺後逝邑人像而

祠之六月十五日乃其誕辰至是日將晚必雨土人謂洗市雨凡不早必禱焉宋紹興十年賜眞濟大師後復加賜慧慈淳祐丙午夏大水民廬幾毀尉孫應鳳東向遙拜遣介持瓣香往祈晴焉殿之東偏有師逝輪一香阜一忽跳前數步視之則後山堋頹積土于空殿之東楹皆無恙少頃天晴水退民賴以安其靈異若此

無晦蜀人姓陸氏唐咸通閒卜庵于五華山與虎同居人號虎蹲巖山渴水無晦穴土得泉深數十丈

名端午泉

宋

了仙姓許邑之葛阪人自幼為僧持戒律甚嚴三十二年不澡浴人譏之曰形骸外物宋元豐間卒年九十七將入滅取猪頭不割而噉幾盡遂坐化其身不壞其徒奉之如生後三十年爪髮復長四方觀者如市或刺其臂血流三日乃乾至今真身猶存

羽士

宋

蘇紹成邑人不知何里爾後業於郡城天慶觀今玄妙觀後隱于北山朱文公頗善之嘗造其廬書扁靜一字與之且銘其琴曰養君中和之正性禁爾忿慾之邪心乾坤無言物有則我獨與子鉤其深宋郡志

國朝

吳濟川永豐里人元至正間隱居雲山金液洞蓬首垢面鍊液養真絕火食日惟飲水一盞洪武戊申沐浴端坐而逝明日神往莆見塑匠曰我泉之德

化金液洞徐友山也徐友山齋川徒弟請塑吾師眞人像汝第先行吾亦隨至匠來其徒問曰誰相召匠以其名告其徒驚異之經數十日肌體柔潤如生所塑眞身至今猶存歲旱厲鄉人禱之無不應弟吳隱山亦得其秘訣坐化有靈云

德化縣志卷之九終

德化縣志第十卷

拾遺

事有無所附屬而可以廣見聞者又似不可遺焉爰名之爲拾遺志

盜賊

宋

紹定二年庚戌盜發汀郡犯德化永春二邑觀文知院陳韡爲招捕使遣偏師擒其酋歸所掠人有更生之喜因與眞西山合祠祠在郡行春門外

國朝

正統十四年沙寇鄧茂七作亂分其黨掠泉州燒德化縣治結寨山谷復攻郡城知府熊尚初拒戰于古陵敗績州將王指揮歛兵弗援與晉江主簿史孟常正術楊士洪俱死之

弘治五年漳平盗温文進寇安溪攻陷縣治掠德化按察副使司馬亞督官民兵討平之

正德元年廣東盗始入閩人不滿九十自南靖流掠長泰所至俘質男女索金帛官兵不能禦遂入安

溪永春德化縣

嘉靖元年秋廣東汀漳盜流掠安溪南安永春遂入德化

二年元日癸卯賊至自德化掠永春官兵邀擊之戊申覆鼎兵設伏以待賊聞覆鼎有備奔安溪官兵以是日敗之于加胡隔辛亥泉兵與賊戰于高坪敗擄泉州衛經歷葛彥乙酉漳泉合兵復戰于霞村擄漳州府通判施福俱以金贖回六月賊復至僅九十三人七月入興化涵頭殺掠甚慘興泉合

兵數千攻之鋒一交輒敗相持數日我兵不能獲
其六一矢
三年冬十月廣東汀漳盜復來寇御史簡霄按泉檄
按察僉事聶珙督諸縣兵擊之十月二十二日知
縣南安顏容端德化梅春安溪龔頴永春紫鑣同
安典史周惟會之兵進至雞母岫龍溪知縣黎良
亦以所部兵來會是日夜賊自雞母岫奔德化小
尤中團二十四日我兵追及圍之賊窮奔入民黃
舜犬家官兵四合擒斬無遺類是時德化揚檢中

張求成將義男

紀異

宋

寶藏靈鐘

寶藏寺未建之時有牧者繫牛於此忽有一人追之須臾不見後即其地掘之得洪鐘扣之其聲鍧鍧然聞于數里後人爲蓋寺故以寶藏名焉宋尉孫應鳳詩

枕畔鏗然寶藏鐘聲從何處入高墉
蜀巔裹背今姓許喚起窮廬一卧龍

仙人足跡

石磲山上有大石石上有一巨人足跡對山盤石上亦有之相距半里許跡長二尺經八寸相傳昔有仙人憩于石上

普光仙筆

普光寺昔有一道人來遊其間戲畫山水于寺壁水波洶湧如眞尋失道人所在

蔣氏巨木

縣西圜有蔣氏者所居門外有巨木十四五圍蔭有

榛刺莫知其名百鳥不敢棲

泥沙怒婦

惠民里下碧村相傳昔有一農夫耕于野婦饁之適飯有沙怒其婦欲毆之偶值張道人過見之為勸止道人一頓足而地震曰沙去矣今環村五里許無沙驗之信然

國朝

黑虎行災

洪武二十年以後黑虎為災群虎四出白晝噬人於

牖下者或夜闔門以盡民緣是死亡轉徙相續户口耗田野荒

白毛生地

正德十二年地發白毛延于八郡石罅木柯俱有之一夜長二三寸或四五寸民驚駭莫知所為凡兩閱月乃没

德化縣志卷之十終

德化縣志後序

德化志志德化一邑之事將以信今傳後而資之政理者也周竊祿于泉謬蒙
當道推委承乏茲邑我守東厓晷公授周曰德化舊志無足徵前守顧洞陽先生憂之乃修

十
[illegible]
日
之
取
可

注：以下缺。